Absolute Crime Presents:

Mörderische Mütter

15 Mütter, die Filizid begangen haben

ABSO UTE CR ME

Von William Webb

Absolute Crime Bücher

www.absolutecrime.com

Titelbild © Icons Jewelry - Fotolia.com

Inhaltsübersicht

Über uns

Absolute Crime veröffentlicht nur die beste wahre Kriminalliteratur. Wir konzentrieren uns auf die Verbrechen, von denen Sie wahrscheinlich noch nie gehört haben, über die Sie aber gerne mehr lesen möchten. Mit jeder fesselnden und packenden Geschichte versuchen wir, die Leser Momente der Geschichte wiedererleben zu lassen, die manche Menschen zu vergessen versucht haben.

Denken Sie daran, dass unsere Bücher nichts für schwache Nerven sind. Wir halten uns nicht zurück - wenn ein Verbrechen blutig ist, lassen wir die Worte über die Seite spritzen, damit Sie das Verbrechen auf die schrecklichste Weise erleben können!

—

Wenn Ihnen dieses Buch gefallen hat, besuchen Sie bitte unsere Homepage, um andere Bücher zu sehen, die wir anbieten; wenn Sie ein Feedback haben, würden wir uns freuen, von Ihnen zu hören!

Einführung

Mütter sind dafür bekannt, dass sie von Natur aus fürsorglich und liebevoll sind und bereit sind, ihr Kind zu schützen und gegen die Übel der Welt zu verteidigen. Was aber, wenn es die Mutter ist, die das unvorstellbare Verbrechen des Mordes an ihrem eigenen Fleisch und Blut begeht?

Während der Rest der Welt schockiert und ungläubig zuschaut, erinnert die wachsende Zahl von Kindstötungen und Kindsmorden auf der ganzen Welt daran, dass selbst unschuldige, hilflose kleine Kinder nicht von extremer Grausamkeit ausgenommen sind, auch nicht von ihren eigenen Müttern.

Traurigerweise kamen viele der Frauen, die wegen der Ermordung ihrer eigenen Kinder verurteilt wurden, praktisch ungeschoren davon, und einige erhielten nur geringe Strafen. Werfen wir einen Blick auf die Mordfälle, die die Welt erschütterten, um besser zu verstehen, was diese Frauen dazu brachte, ihre eigenen Kinder zu töten.

Susan Dianne Eubanks

Am 26. Oktober 1997 (th) beging
Susan Dianne Eubanks eines der
unvorstellbarsten Verbrechen, als sie
beschloss, alle ihre vier Kinder im
Haus der Familie in San Marcos,
Kalifornien, durch eine Hinrichtung
zu töten.

Die unschuldigen Todesopfer waren
der 14-jährige Brandon, der 7-jährige
Austin, der 6-jährige Brigham und
der 4-jährige Matthew.

Ereignisse, die zum Mord führen

Stunden vor den Schüssen wies Eubanks ihren ältesten Sohn Brandon an, zu Hause zu bleiben und auf seine Geschwister aufzupassen. Sie ging aus und verbrachte den Tag damit, mit ihrem Freund Rene Dodson ein Footballspiel anzuschauen und zu trinken.

Als Eubanks und Dodson zu streiten begannen, wurde es jedoch plötzlich ungemütlich. Als sie schließlich zu Hause ankamen, war Eubanks so wütend, dass sie die Reifen des Autos ihres Freundes aufschlitzte, Zucker in den Benzintank gab und die Windschutzscheibe einschlug.

Den Gerichtsunterlagen zufolge weigerte sich Eubanks hartnäckig, Dodson aus dem Haus zu lassen, aber es gelang ihm schließlich, das Haus zu verlassen und zu einer nahe gelegenen Tankstelle zu laufen. Von dort aus rief Dodson die örtliche Polizei an, die ihn zurück zum Haus begleitete, damit er seine persönlichen Gegenstände abholen konnte. Den Berichten zufolge ging Eubanks, während Dodson seine persönlichen Gegenstände im wartenden Streifenwagen deponierte, nach draußen und begann zu schreien, dass die Männer in ihrem Leben sie alle schlecht behandelt hätten. Sie behauptete, sie sei geschlagen und vergewaltigt worden.

Während die beiden draußen weiter stritten, rannte der älteste Sohn, Brandon, zu einem Münztelefon und rief die Mutter seines besten Freundes, Kathy Goohs, an. Brandon geriet in Panik und bat Goohs, ihn und seine Brüder zu holen, da sie alle Angst hätten. Er sagte auch, er wolle nicht, dass seine jüngeren Brüder den hitzigen Streit zwischen Eubanks und Dodson mitbekämen.

Einige Minuten später rief Eubanks auch Goohs an und flehte sie praktisch an, die Jungen mitzunehmen. Laut Goohs' Geständnis holte sie die Jungen jedoch nie von zu Hause ab, weil ihr Auto nicht über genügend Sicherheitsgurte verfügte. Sie gestand auch, dass sie zu diesem Zeitpunkt befürchtete, dass es ein ernsthaftes Problem geben könnte, da die Polizei immer noch im Haus der Eubanks war.

Innerhalb des Hauses eskalierte die Spannung. Angeblich war Eubanks immer wütender geworden und hatte den Vater von Brandon, John Armstrong, angerufen, der in Texas lebte. Sie teilte ihm mit, dass die örtliche Polizei bei ihr zu Hause gewesen sei und eine Untersuchung zu dem Vorfall mit Dodson durchgeführt habe. Sie brachte ihre Befürchtung zum Ausdruck, dass das Jugendamt die Angelegenheit untersuchen und die Kinder möglicherweise mitnehmen würde.

Nach dem Telefonat mit Armstrong rief sie auch Eric Eubanks, den Vater der beiden jüngeren Jungen, an. Sie hinterließ eine kryptische Sprachnachricht mit den Worten "Sag auf Wiedersehen", wie in den Gerichtsdokumenten beschrieben. Durch den Anruf alarmiert und um die Sicherheit und das Wohlergehen der Kinder besorgt, rief Eric Eubanks den Notruf an und bat um eine Überprüfung des Wohlergehens der Kinder.

Die Entdeckung der Leichen

ALS DIE ÖRTLICHE POLIZEI IM HAUS DER EUBANKS EINTRAF, ENTDECKTEN SIE SUSAN EUBANKS AUF DEM BETT DES HAUPTSCHLAFZIMMERS UND HIELT EINEN REVOLVER FEST. DIE POLIZISTEN MUSSTEN DAS BLUTVERSCHMIERTE HANDTUCH ENTFERNEN, DAS ÜBER IHREN BAUCH GELEGT WORDEN WAR. DABEI STELLTEN SIE FEST, DASS SIE SICH SELBST IN DEN BAUCH GESCHOSSEN HATTE.

ALS DIE BEHÖRDEN DEN REST DES HAUSES DURCHSUCHTEN, FANDEN SIE DIE DREI JUNGEN IN EINEM SCHLAFZIMMER. BRIGHAM UND MATTHEW LAGEN ZUSAMMENGESUNKEN AUF DEM UNTEREN BETT, WÄHREND AUSTIN AUF DEM OBEREN ETAGENBETT LAG. ALLE DREI KINDER WIESEN TÖDLICHE SCHUSSWUNDEN IM KOPF AUF.

Die Leiche von Brandon wurde im Wohnzimmer gefunden. Wie seine Brüder hatte auch er einen Schuss in den Kopf erhalten. Die Polizei konnte bei Brandon keinen Puls mehr feststellen. Der kleine Matthew hingegen atmete noch und wurde sofort ins Kinderkrankenhaus gebracht, wo er jedoch an den Folgen der schweren Kopfwunde starb. Es wurde auch festgestellt, dass sich der 6-jährige Neffe von Eubanks im Haus befand, aber unverletzt war. Er lag im Bett und hatte eine Decke bis zum Kinn hochgezogen.

Eubanks wurde in das Palomar-Krankenhaus gebracht und musste notoperiert werden. Die Ärzte erklärten, dass sie sich in einem kritischen Zustand befand und eine große Menge Blut verloren hatte. Eubanks erholte sich schließlich.

Der schießende Vorfall

Der Prozess gegen Eubanks begann offiziell im August 1999, wo sie sich in vier Fällen wegen Mordes ersten Grades verantworten musste. Die von den örtlichen Behörden durchgeführten Ermittlungen ergaben, dass alle Jungen mit einem Revolver des Kalibers .38 getötet wurden.

Ein Experte für Tatortrekonstruktion namens Rod Englert wurde hinzugezogen, um die Einzelheiten des Verbrechens zu untersuchen. Ihm zufolge war es der Älteste, Brandon, der zuerst erschossen wurde. Bei der Rekonstruktion des Tathergangs konnte Englert feststellen, dass der Junge auf dem Wohnzimmerboden saß, als Eubanks ihm in die linke Schläfe schoss. Eine zweite Kugel wurde in den Nacken abgefeuert, als der Junge bereits zusammengesackt auf dem Boden lag.

Das nächste Opfer, das Englert vermutete, war Austin, der auf der obersten Koje des Bettes saß. Der Junge hatte seine Knie dicht vor das Gesicht gezogen, als ob er einen Schutzschild bilden wollte. Er wurde ins linke Auge geschossen.

Die Behörden fanden zwei Einschusslöcher direkt in der Wand in der Nähe der Stelle, an der Matthew saß, die offensichtlich verfehlt wurden. Nachdem Eubanks Austin erschossen hatte, entfernte sie die fünf Patronenhülsen und warf sie in den Mülleimer, bevor sie die Waffe neu lud, so Englerts Rekonstruktion des Tatorts.

Das nächste Opfer war Brigham, der auf dem unteren Etagenbett saß. Die zweite Kugel war seitlich an Brighams Kopf vorbeigeschossen und durch ein Kissen ausgetreten. Dann erschoss Eubanks zuletzt den kleinen Matthew.

Mögliches Motiv

Den Ermittlungen zufolge kamen die örtlichen Behörden zu dem Schluss, dass Eubanks alle ihre Jungen in einem Wutanfall erschossen hat. Nach Ansicht der Staatsanwaltschaft war ihre Wut eine Folge des Streits, den sie zuvor mit ihrem Freund hatte, sowie der Auseinandersetzungen mit den Vätern der Jungen. Es wurde festgestellt, dass die Männer, die ihre Kinder gezeugt hatten, sie verlassen hatten.

Es wurden fünf Abschiedsbriefe am Tatort gefunden. Einer war an Eric Eubanks adressiert. Darin hatte Susan geschrieben, dass Eric sie verraten habe und dass sie jeden Menschen, den sie je geliebt habe, verloren habe. Sie war der Meinung, dass es an der Zeit war, dass auch Eric den gleichen Verlust erleiden sollte.

Eubanks schrieb auch einen Brief an Dodson, den sie als den größten Lügner bezeichnete, den sie je kennengelernt hatte. Der dritte Brief war an John Armstrong gerichtet, in dem sie sagte, sie wisse, dass er sie wahrscheinlich für immer hassen würde, aber sie könne Brandon nicht einfach leben lassen, während alle seine Brüder tot seien. Sie fügte hinzu, dass sie in den letzten 25 Jahren versucht habe, stark zu bleiben, aber schließlich genug von all dem Schmerz gehabt habe.

Die letzten beiden Briefe waren an ihre Schwester und ihre Nichte gerichtet, in denen sie sich für ihr Verhalten entschuldigte. Sie hinterließ auch die Anweisung, ihren jüngsten Sohn Matthew in demselben Sarg wie sie zu beerdigen.

Es wurden Beweise dafür gefunden, dass Eubanks ihre verschreibungspflichtigen Medikamente nach einem Arbeitsunfall, der eine Operation erforderlich gemacht hatte, missbraucht hatte. Bei den Ermittlungen wurden mehr als fünfzig Flaschen mit Medikamenten in der Wohnung gefunden. Die Behörden untersuchten die Möglichkeit, dass das Verbrechen vorsätzlich begangen wurde.

Eubanks' Verteidiger argumentierten jedoch, dass es aufgrund der Mischung aus Alkohol und Medikamenten unmöglich war, dass das

Verbrechen vorsätzlich begangen wurde und Eubanks mit Bedacht handelte, was die Voraussetzungen für Mord ersten Grades sind.

Ein zugelassener Arzt für Psychiatrie und Suchtmedizin sagte aus, dass Eubanks Blutalkoholspiegel nach den Schüssen nur 0,19 betrug, was möglicherweise eine erhebliche Auswirkung auf ihre Emotionen, ihr Urteilsvermögen und ihre Wahrnehmung hatte.

Das Urteil

Nach zweistündigen Beratungen wurde Eubanks des vierfachen Mordes ersten Grades für schuldig befunden. Die Anwälte der Verteidigung legten Beweise dafür vor, dass Eubanks' Eltern Alkoholiker waren und dass Eubanks von ihrer eigenen Mutter misshandelt worden war.

Zwei Tage nach der Urteilsverlesung verkündeten die Geschworenen das Todesurteil. Bis zum heutigen Tag sitzt Eubanks in der Todeszelle und wartet auf seine Hinrichtung.

Frances Elaine Newton

Am 14. September 2005th wurde France Elaine Newton in Huntsville, einer Stadt in Texas, durch die Giftspritze hingerichtet. Sie war wegen des Mordes an ihrem Ehemann und ihren Kindern angeklagt, angeblich wegen des Geldes aus der Versicherungspolice.

Am 18. März 1987 schloss die damals 21-jährige Newton eine Lebensversicherung in Höhe von 50.000 Dollar auf ihren Ehemann Adrian Newton, 23 Jahre alt, und ihre Tochter Farrah, 21 Monate alt, ab. Für ihr anderes Kind, den 7-jährigen Jungen Alton, bestand bereits eine Versicherungspolice.

Während dieser Zeit war bekannt, dass das Paar ernsthafte Eheprobleme hatte. Während das Paar unter einem Dach lebte, waren sowohl Adrian als auch Frances bereits mit anderen Personen zusammen und hatten eine Beziehung. In ihrer kleinen Wohnung lebte auch Sterling Newton, der Bruder von Adrian.

Zeitleiste der Ereignisse

Am 7. April 1987, zwischen 17:30 und 18:00 Uhr, kam Sterling in der Wohnung an. Frances hatte ihn gebeten, für etwa eine Stunde wegzugehen, damit sie und Adrian in Ruhe über die Probleme in ihrer Ehe sprechen könnten. Sterling willigte ein und ging für mehr als eine Stunde weg.

Gegen 21.45 Uhr rief Ramona Bell,
die Freundin von Adrian, ihn an,
und die beiden unterhielten sich
etwa 15 Minuten lang. Er sagte Bell,
er sei erschöpft und würde schlafen,
sobald Frances das Haus verlassen
habe, da er seiner eigenen Frau nicht
traue. Ein weiterer Freund von
Adrian, Alphonse Harrison, rief an,
aber diesmal war es Frances, die ans
Telefon ging. Als er höflich nach
Adrian fragte, stellte Frances ihn in
die Warteschleife und ließ ihn
warten.

Zwischen 19:00 Uhr und 19:30 Uhr kam Frances mit einem Auto bei ihrer Cousine Sondra Nelms an. Offenbar wollte Frances ihre Cousine bitten, in ihrer Wohnung vorbeizukommen, um die Kinder zu besuchen. Bevor sie sich auf den Weg machten, sah Nelms, wie Frances eine blaue Tragetasche aus dem Auto nahm und sie in das leere Haus auf dem Grundstück neben dem Wohnhaus von Nelms stellte, ein verlassenes Grundstück, das Frances' Eltern gehörte.

Das Motiv

Die beiden fuhren dann zu Newtons Wohnung, und als sie dort ankamen, fanden sie Adrian und die beiden Kinder bereits tot vor.
Frances rief eilig den Notruf an. Der stellvertretende Sheriff R.W. Ricks, der am Tatort eintraf, fand Adrians Leiche auf der Couch, der an einer Schusswunde im Kopf starb. Die beiden Kinder befanden sich noch in ihrem Bett. Jedes Kind wurde mit einem Schuss in der Brust gefunden. Dem Polizeibericht zufolge gab es keine sichtbaren Anzeichen für einen Kampf oder gewaltsames Eindringen.

Während des Gesprächs gab Nelms dem mit dem Fall betrauten Ermittler der Mordkommission Informationen über die kleine blaue Tragetasche, die France versteckt hatte, und führte ihn sogar zu dem Ort, an dem sie sich in dem verlassenen Haus befand. Es stellte sich heraus, dass die blaue Tasche eine halbautomatische Kaliber-.25-Pistole enthielt.

Die Ermittlungen ergaben, dass die Pistole auf einen gewissen Michael Mouton registriert war, der gegenüber der Polizei behauptet hatte, die Waffe sei vor etwa fünf oder sechs Monaten an seinen Cousin Jeffrey Frelow ausgeliehen worden. Als die Behörden Frelow die Waffe zeigten, behauptete er, dass die Waffe in der Schublade einer Kommode in seinem eigenen Schlafzimmer versteckt sei. Nach seinen Angaben wusch seine Freundin Frances Newton gewöhnlich seine Wäsche für ihn und hatte Kenntnis und Zugang zu der Waffe.

Etwa einen Monat nach dem Vorfall, am 21. April, meldete Frances die entsprechenden Ansprüche an die Versicherungspolicen ihrer Familie an, die nur wenig früher im selben Monat abgeschlossen worden waren. Am darauffolgenden Tag wurde sie verhaftet und wegen Mordes angeklagt.

Aus dem Bericht des Ballistikers geht hervor, dass die in dem verlassenen Haus versteckte Pistole tatsächlich die Mordwaffe war. Auch auf dem Baumwollrock, den Frances an diesem Tag trug, fanden sich Rückstände von Schießpulver-Nitrat. Dem Sachverständigen zufolge ist die einzige andere Quelle für Nitrat Düngemittel.

Nicht schuldig

Als Frances wegen Mordes angeklagt wurde, behauptete sie, sie sei nicht schuldig. Während ihres eigenen Prozesses sagte Frances, dass die Waffe etwas war, das sie in ihrem Haus gefunden hatte, und dass sie nur als Vorsichtsmaßnahme beschlossen hatte, sie herauszunehmen. Sie behauptete, dass ihre Familie höchstwahrscheinlich von jemandem namens Charlie, einem bekannten Drogendealer, getötet wurde, was möglicherweise geschah, als er Drogengeld von Adrian eintrieb.

Vor diesem Vorfall war Frances
bereits 1985 wegen
Urkundenfälschung zu einer
dreijährigen Bewährungsstrafe
verurteilt worden. Ein früherer
Arbeitgeber hatte außerdem unter
Eid ausgesagt, dass Frances bei ihrer
früheren Arbeitsstelle wegen
Diebstahls von Bargeld entlassen
worden war.

Im Oktober 1988 wurde Frances
Newton von den Geschworenen des
Kapitalmordes für schuldig
befunden, d. h. des Mordes an mehr
als einer Person im Rahmen
desselben Verbrechens oder
Vergehens. Sie wurde zum Tode
verurteilt. Diese Verurteilung und
das Urteil wurden im Juni 1992 vom
texanischen Berufungsgericht für
Strafsachen bestätigt. Ihr Lager hatte
sowohl vor dem Staatsgerichtshof
als auch vor dem Bundesgerichtshof
Berufung eingelegt, die allesamt
abgelehnt wurden.

Während des gesamten Prozesses und der Verurteilung und sogar während sie in der Todeszelle saß, hatte Frances standhaft behauptet, dass sie unschuldig sei. In einem Interview behauptete sie, dass sie in dieser Zeit sehr verwirrt und verängstigt war, vor allem weil alle ihre Familienmitglieder tot waren und sie wegen Mordes angeklagt war. Sie behauptete auch, dass sie von Rechtsanwalt Ron Mock, ihrem vom Gericht bestellten Anwalt, keine angemessene Unterstützung erhalten habe.

In einem Interview hatte Mock zugegeben, dass er sich bei der Bearbeitung des Prozesses "ausgebrannt" fühlte. Er fügte auch hinzu, dass der Fall von Anfang an ein schwieriger Kampf gewesen sei. Abgesehen davon, dass Frances hartnäckig leugnete, ihre Familie umgebracht zu haben, konnte sie dem Gericht kein solides Alibi vorlegen. Es ist jedoch erwähnenswert, dass Mock seit 2001 keine gerichtlich angeordneten Fälle von Kapitalmord mehr annehmen durfte.

Frances hatte auch behauptet, dass die Nitratrückstände, die am Tag der Tat auf ihrem Rock gefunden wurden, von dem Dünger stammten. Im Dezember 2004, dem Monat der geplanten Hinrichtung, wurde Frances auf Empfehlung der texanischen Begnadigungsbehörde ein Aufschub von 120 Tagen gewährt. Damit sollte ausreichend Zeit gewonnen werden, um die Pistole mit dem Kaliber .25 einer weiteren Testreihe zu unterziehen. Der Test bestätigte jedoch, dass es sich bei der Pistole um die Mordwaffe handelte. Der Rock konnte jedoch nicht mehr getestet werden, da er bereits kontaminiert war.

Frances hatte nicht bestritten, dass sie die Waffe in die blaue Tasche gesteckt hatte, bei der es sich um den Rucksack ihres siebenjährigen Sohnes handelte. Sie leugnete auch nicht, dass sie die Tasche in das verlassene Haus gestellt hatte.

Frances und ihre Anwälte hatten jedoch das Argument vorgebracht, dass die Kaliber .25-Pistole, die sie versteckt hatte, nicht dieselbe Waffe war, mit der ihre Familie getötet wurde.

Im letzten Berufungsverfahren vor ihrer Hinrichtung behaupteten die Verteidiger, dass die Ermittler, die den Fall bearbeiteten, zwei oder möglicherweise mehr Waffen als Beweismittel beschlagnahmt hatten, nicht aber die Waffe aus der blauen Tasche, die Frances versteckt hatte.

Eine Woche vor ihrer Hinrichtung wurde die Theorie der mehreren Waffen vom texanischen Berufungsgericht zurückgewiesen. Darüber hinaus hatten sowohl der Oberste Gerichtshof der USA als auch der US 5th Circuit Court es abgelehnt, sich mit dem umstrittenen Fall zu befassen. Hinzu kam, dass die texanische Begnadigungsbehörde ebenfalls eine Begnadigung abgelehnt hatte.

Der Fall Frances Newton hatte in den Medien und in verschiedenen Bereichen der Gesellschaft große Aufmerksamkeit erregt. Es gab eine Reihe von Protesten, die eine Überprüfung des Falles forderten, doch alle führten zu keiner Berufung. Während der gesamten Tortur hatte Frances in einer Reihe von Interviews ihre Unschuld beteuert.

Während ihrer Hinrichtung hatte der Gefängnisdirektor sie aufgefordert, eine letzte Erklärung zum Sterben abzugeben, was sie jedoch ablehnte. Während sie auf die Trage der Todeskammer geschnallt wurde, sahen ihre Eltern in hilfloser Frustration zu. Frances Newton wurde durch eine tödliche Injektion hingerichtet. Als die Medikamente zu fließen begannen, drehte sie sich kurz zu ihren Verwandten um und öffnete den Mund, als wollte sie etwas sagen. Die Medikamente hatten jedoch bereits gewirkt. Dem Bericht zufolge hustete Frances einmal und schnappte nach Luft, bevor sie ihre Augen schloss. Sie wurde am 14. September 2005 um 18:17 Uhr offiziell für tot erklärt.

Andrea Yates

Am 20. Juni 2001, kaum eine Stunde bevor er sein Haus verließ, erhielt Rusty Yates einen beunruhigenden Anruf von seiner Frau Andrea. Sie sagte ihm einfach, er solle nach Hause kommen. Verblüfft über diese ungewöhnliche Aufforderung, wollte er wissen, warum. Daraufhin sagte Andrea einfach: *"Es ist Zeit. Ich habe es getan."*

Rusty konnte nicht verstehen, was sie meinte, und bat sie, ihm zu erklären, was sie meinte. Daraufhin antwortete sie kryptisch: *"Es sind die Kinder"*.

Obwohl Rusty nicht sicher war, was Andrea ihm sagen wollte, lief ihm ein Schauer über den Rücken. Mit zunehmender Panik fragte er: *"Welche?"*, woraufhin sie mit eisiger Stimme antwortete: *"Alle."*

Als sie ihr Gespräch abrupt beendeten, ließ Rusty alles stehen und liegen und verließ eilig das Johnson Space Center, wo er als NASA-Ingenieur arbeitete. Als er etwa 15 Minuten später bei ihrem Haus in Houston, Texas, ankam, wurde er von der Polizei und einem Krankenwagen begrüßt. Als er sich eilig auf den Weg zum Haus machte, um nachzusehen, was passiert war, wurde er von der örtlichen Polizei am Betreten gehindert.

Um Informationen zu erhalten, ging Rusty zu einem Fenster. Dort erfuhr er, dass seine Frau alle ihre Kinder ermordet hatte. Rusty konnte diese schockierende Nachricht nicht verarbeiten. Der Schmerz, der Schock und die Trauer ließen ihn auf dem Rasen in Fötusform zusammensinken. Er schlug vor Verzweiflung auf den Boden, während er zusah, wie Andrea in Handschellen abgeführt wurde.

Der Schauplatz des Verbrechens

Es ist unnötig zu erwähnen, dass der Fall in den Medien große Aufmerksamkeit erregte. Ein Polizeisprecher erläuterte die Einzelheiten des grausamen Verbrechens.

Die Leichen der vier Kinder wurden unter einem Laken auf einem Doppelbett im hinteren Teil des Hauptschlafzimmers aufgebahrt gefunden. Sie waren alle vollständig bekleidet, klatschnass und hatten die Augen weit aufgerissen.

Ein weiteres Kind, ein Junge, befand sich noch in der Badewanne inmitten von Erbrochenem und Fäkalien, die an der Oberfläche schwammen. Er schien das älteste der Yates-Kinder zu sein, und wie die anderen war auch er tot.

Rusty war an diesem Morgen kaum mehr als eine Stunde zur Arbeit gegangen, und dennoch hatte Andrea es geschafft, alle fünf Kinder zu ertränken. Selbst die eintreffenden Polizeibeamten waren von der Tragödie, die sich in der Familie abgespielt hatte, tief betroffen.

Nach Angaben der Polizei wurde der Notruf von einer hilfesuchenden Frau gewählt, die sich später als Andrea selbst herausstellte. Sie wirkte während des gesamten Telefongesprächs ruhig und kohärent. Sie öffnete auch die Tür und ließ die Polizeibeamten ohne jede Gefühlsregung herein und erzählte ihnen, dass sie alle ihre Kinder getötet habe. Während sie das Haus durchsuchten, saß Andrea einfach nur im Wohnzimmer und sah gebrechlich aus.

Nach Angaben von Detective Ed Mehl zeigte sich Andrea während der gesamten Untersuchung konzentriert und konnte allen Fragen folgen und sie beantworten. Sie sei eine schlechte Mutter und erwarte, dass sie für das Verbrechen, das sie begangen habe, bestraft werde. Ohne jeglichen Protest ließ sie sich von den Behörden in Gewahrsam nehmen, während die herbeigerufenen Sanitäter alle Kinder auf Lebenszeichen untersuchten. Als sich neugierige Nachbarn um das Haus versammelten, schaute Andrea sie nur teilnahmslos an, während sie zu dem wartenden Polizeiauto ging.

Später erfuhr man, dass Andrea alle ihre Kinder zu Hause unterrichtet hatte. Das Haus schien auch schmutzig und unordentlich zu sein. In der Küche lag ein Haufen benutztes Geschirr herum. Auch in den Badezimmern herrschte Chaos.

Schwere Depression

In den folgenden Wochen
entwickelte sich der Fall zu einer
dunklen und unheimlichen
Kriminalgeschichte. Die Gründe,
warum eine junge Mutter ihre
Kinder ertränkte, drehten sich um
komplexe Themen wie religiösen
Fanatismus, Psychose und
Depression. Der Rest der Nation sah
mit fassungslosem Schweigen zu,
wie der Staat Texas gezwungen war,
die angemessene Strafe für Andrea
Yates zu bestimmen.

Während Andrea im Gefängnis saß,
musste Rusty mit der lähmenden
Trauer und den hartnäckigen und
anspruchsvollen Medien fertig
werden, die ihn ständig mit Fragen
löcherten. Niemand schien den
Grund für die Morde ganz zu
begreifen. Wie konnte eine Mutter
ihre eigenen Kinder ermorden?

Die Kinder waren zwischen 6 Monaten und 7 Jahren alt und trugen die Namen berühmter Persönlichkeiten aus der Bibel: Noah, Lukas, Johannes, Paulus und Maria, vier Jungen und das jüngste Kind war ein kleines Mädchen.

Als alle Kinder für tot erklärt wurden, mussten die Leichen für die nächsten drei Stunden an Ort und Stelle bleiben, um auf den Wagen des Gerichtsmediziners zu warten. Während die Leichen und der Tatort untersucht wurden, durfte Rusty das Haus die nächsten 5 Stunden nicht betreten. Er informierte die eintreffenden Beamten, dass Andrea krank war und mit schweren Depressionen zu kämpfen hatte. Sie hatte Medikamente eingenommen.

Das Interview

Auf dem Polizeipräsidium wurde Andrea einer Reihe von Befragungen unterzogen, die auf Band aufgezeichnet wurden, um als förmliches Beweismittel verwendet zu werden. Während der gesamten Befragung starrte sie einfach geradeaus und beantwortete alle Fragen mit wenig Energie.

Mit leeren Augen erklärte sie, dass sie ihre Kinder getötet habe. Auf die Frage nach dem Grund gab sie lediglich an, dass sie eine schlechte Mutter sei. In den nächsten Minuten versuchten sie, Einzelheiten darüber zu erfahren, was sich vor dem Ertränken der Kinder in Yates' Haus zugetragen hatte.

Andrea erzählte, dass sie gegen 8:00 Uhr aufgestanden war und darauf wartete, dass ihr Mann gegen 9:00 Uhr zur Arbeit ging. Zu dieser Zeit waren die Kinder alle wach und hatten gefrühstückt.

Nachdem Rusty zur Arbeit gegangen war, ging Andrea ins Bad und füllte die Wanne mit Wasser.

Einer nach dem anderen ertränkte sie ihre drei Söhne: Johannes (5 Jahre), Paul (3 Jahre) und Lukas (2 Jahre). Nach ihren Angaben hielt sie sie mit dem Gesicht nach unten in der Badewanne und sah zu, wie sie sich wehrten. Als die Kinder starben, legte sie sie auf das Bett und deckte sie mit einem Laken zu, das noch klatschnass war.

Dann wandte sie sich der Jüngsten zu, der 6th Monate alten Mary, die die ganze Zeit im Badezimmer auf dem Fliesenboden saß und weinte. Nachdem Andrea damit fertig war, Mary zu ertränken, ließ sie den toten Körper des kleinen Mädchens einfach im Wasser treiben, bevor sie ihren ältesten Sohn, Noah, herbeirief.

Als Noah den leblosen Körper seiner Schwester sah, erkannte er, was seine Mutter getan hatte, und versuchte, nach draußen zu rennen. Andrea konnte ihn jedoch festhalten und schleppte ihn in die Badewanne. Dann drückte sie seinen Kopf nach unten und ertränkte Noah direkt neben Mary. Nach dem Geständnis von Andrea war es Noah, der sich wehrte. Es gab Zeiten, in denen er sich aus ihrem Griff befreien und Luft holen konnte, aber sie konnte ihn wieder hineindrücken. Noahs letzte Worte waren: "Es tut mir leid."

Sie ließ Noahs Leiche in Urin, Kot und Erbrochenem treiben, so wie die Polizei ihn vorgefunden hatte. Andrea hob die Leiche von Mary aus und legte sie auf das Bett neben ihre Brüder. Wie die beiden anderen deckte sie sie zu, bevor sie die Polizei und ihren Mann anrief.

Auf die Frage, ob es irgendetwas gab, was die Kinder getan haben, das sie so wütend gemacht hat, dass sie sie umbringen wollte, antwortete Andrea mit einem einfachen Nein. Sie erzählte jedoch, dass sie glaubte, eine schlechte Mutter zu sein, weil sich ihre Kinder nicht richtig entwickelten. In den letzten zwei Jahren hatte sie mit dem Gedanken gespielt, ihnen wehzutun.

Bei der Befragung stellte sich heraus, dass Andrea eine verdrehte Vorstellung davon hatte, dass sie durch die Tötung all ihrer Kinder von der Justiz entsprechend bestraft werden würde. Tatsächlich, so vertraute sie an, hatte sie zwei Monate zuvor die gleiche Tat versucht. Sie hatte bereits die Badewanne gefüllt, aber Rusty kam nach Hause und vereitelte ihre Pläne. Den Unterlagen zufolge litt Andrea seit zwei Jahren an Depressionen und war sogar wegen eines Selbstmordversuchs in ein Krankenhaus eingeliefert worden.

Andrea Yates wurde wegen des Todes ihrer Kinder offiziell wegen Mordes angeklagt und verurteilt.

Lianne Smith

Lianne Smith hat ihre beiden Kinder, die fünfjährige Rebecca und den elf Monate alten Daniel, erstickt. Nach eigenen Angaben tat sie dies, weil sie befürchtete, dass die Kinder vom Jugendamt entführt werden würden, nachdem ihr Lebensgefährte, der TV-Hypnotiseur Martin Smith, wegen Vergewaltigung eines Kindes verurteilt worden war.

Dysfunktionales Zuhause

Martin Smith trat einst im Fernsehen in der Sendung TV's Most Haunted auf. Er wurde oft als außergewöhnlich gut in der Manipulation beschrieben. Er behauptete, ein Hellseher und Hypnotiseur zu sein. Außerdem war er ein Vergewaltiger. Sarah Richardson, Liannes älteste Tochter aus einer früheren Ehe, verzichtete auf die Anonymität, um den Missbrauch zu enthüllen, dem sie seit ihrem siebten Lebensjahr durch Smith ausgesetzt war.

Sarah zufolge waren sie und ihr Bruder nicht damit einverstanden, dass Martin bei ihrer Mutter einzog, aber Lianne schien von ihm hingerissen zu sein. Im Alter von vier Jahren hatte Martin sie bereits verprügelt. Bei solchen Gelegenheiten verließ Lianne den Raum, damit sie nicht sehen konnte, wie ihre kleinen Kinder geschlagen wurden. Obwohl sie sich der Schläge bewusst war, beschloss sie, nichts dagegen zu unternehmen. Stattdessen ermahnte sie ihre Kinder, Martin nicht zu ärgern. Es war für die Kinder offensichtlich, dass es Lianne in erster Linie darum ging, Martin bei Laune zu halten.

Nach Sarahs Aussage war ihre Mutter bei der Arbeit, als Martin sie zum ersten Mal vergewaltigte. Als sie älter wurde, hypnotisierte er sie, damit Sarah niemandem erzählte, was in den vergangenen Jahren geschehen war. Die Vergewaltigungen wurden mindestens neun Jahre lang fortgesetzt.

Nach Angaben der Polizei hatte Lianne eine gewisse Zeit lang als Prostituierte gearbeitet, als das Paar in finanziellen Schwierigkeiten steckte. Martin hatte keine richtige Arbeit und stammte aus einer armen Familie. Trotz der Gewalt

schien niemand zu bemerken, dass die Kinder
möglicherweise gefährdet sein könnten.

Die Kinder wurden von ihren Schulen
genommen und zu Hause unterrichtet. Sie
durften auch ihre Großeltern nicht sehen und
jahrelang schienen alle in der Familie unter
Martins Bann zu
stehen.

Ironischerweise arbeitete Lianne als Expertin für
Kinderschutz und war dennoch nicht in der
Lage, ihre eigenen Kinder vor Missbrauch zu
schützen.

Nachdem sie jahrelang zusammengelebt hatten,
wurde Lianne schwanger. Sarah zufolge waren
sie und ihr Bruder diejenigen, die sich wirklich
um Rebecca kümmerten und sie praktisch
aufzogen, während ihre Mutter nachts arbeitete.
Im Alter von fünfzehn Jahren wurde Sarah
immer noch von Martin vergewaltigt und Chris
wurde gelegentlich verprügelt.

Flucht vor Missbrauch

Im Alter von achtzehn Jahren fand Sarah ihren
Ausweg, indem sie eine Universität besuchte.
Ein paar Monate später wurde Chris kurzerhand
aus dem Haus geworfen. Als die beiden aus dem
Haus waren, befürchteten sie, dass niemand da

sein würde, der sich um das kleine Kind Becky kümmern könnte. In dieser Zeit wandte sich Sarah schließlich an die örtliche Polizei.

Sarah nahm auch den Mut auf, ihrer Mutter endlich von dem Missbrauch zu erzählen, den sie durch Martin erlitten hatte. Lianne hatte ihr jedoch vorgeworfen, dass sie sich das alles nur ausgedacht hatte. Sie sagte Sarah auch kurz und bündig, dass sie nicht ihre Tochter sei, und die beiden sprachen nie wieder miteinander.

Am 1. November 2007 wurde Martin verhaftet, und der Sozialdienst wurde auf die Situation und die potenzielle Gefahr für die kleine Becky aufmerksam gemacht. Zu diesem Zeitpunkt schritt das Sozialamt jedoch nicht ein und nahm sie in Obhut. Einige Tage später stellte Martin eine Kaution und sowohl Lianne als auch er und ihre Tochter flohen nach Spanien.

Ein neues Leben in Spanien

In den folgenden drei Jahren kämpfte das Paar darum, sich in Barcelona ein neues Leben aufzubauen, während zu Hause die Polizei nach ihnen suchte. Im Jahr 2009 brachte Lianne Daniel zur Welt. Später wurde durch DNA-Tests herausgefunden, dass beide Kinder nicht von Martin stammten, was wahrscheinlich bedeutete, dass Martin Lianne gezwungen hatte, sich wieder zu prostituieren, um über die Runden zu kommen.

Während sie sich vor den Behörden versteckten, war Lianne von dem Gedanken besessen, dass man ihr ihre beiden Kinder wegnehmen würde, aber sie schien keinen Augenblick an ihre beiden älteren Kinder gedacht zu haben.

Am 7. Mai 2010 wurde Martin schließlich von der spanischen Polizei verhaftet. Acht Tage später, am 15. Mai, checkte Lianne in einer Hotelanlage in Meeresnähe ein. Anschließend machte sie Fotos von den beiden Kindern, die am Strand spielten. Zwei Tage später wurden die beiden Kinder erstickt.

Lianne unternahm einen Selbstmordversuch, indem sie sich die Pulsadern aufschnitt, erstickte, ertränkte und sich erhängte - alles ohne Erfolg. Am nächsten Morgen informierte sie die Rezeption des Hotels über ihre Tat und wurde daraufhin verhaftet.

Leben in der Haft

Im Dezember desselben Jahres gab Lianne ein Interview, in dem sie Martin als "*großzügig*" und "*freundlich*" bezeichnete. Es handelt sich um denselben Martin, der später der

Vergewaltigung von Sarah für schuldig befunden und daraufhin zu 16 Jahren Gefängnis verurteilt wurde.

Nachdem er acht Jahre im Gefängnis verbracht hatte, erhängte sich Martin in seiner eigenen Zelle. Er verließ die Welt gebrandmarkt als Manipulator, Pädophiler, Zuhälter sowie als Kinder- und Frauenschänder. Er war im Grunde die Person, die für Liannes Zustand verantwortlich war, denn laut Sarah hatte sie sie als völlig normal und liebevoll in Erinnerung, bis Martin sich in ihr Leben schlich und es zu einem lebenden Albtraum machte.

Wie jeder gute Trickbetrüger machte er sich verletzliche Opfer zunutze und machte sie zu Personen, die völlig von ihm abhängig waren, so dass er so ziemlich alles tat, was er gerade wollte. Niemand weiß wirklich, wie Martin es geschafft hat, Lianne zu beeinflussen, ob durch Suggestion oder Hypnose.

Lianne bekannte sich des Mordes an ihren beiden Kindern schuldig, plädierte aber auf Unzurechnungsfähigkeit. Die Geschworenen kamen jedoch zu dem Schluss, dass sie höchstwahrscheinlich depressiv und psychotisch war. Sie wurde zu 34 Jahren Gefängnis verurteilt.

Verdrehtes Märchen

Die Geschichte von Lianne Smith ist eine Geschichte voller Ironie. Während sie ihren jüngeren Kindern das Leben nahm und die beiden älteren praktisch im Stich ließ, hatte Martin ihr Leben in die Hand genommen, seit sie ihn 1992 kennengelernt hatte. Unter Martins Manipulationen wurde sie geschlagen und gegängelt, aber das war noch kein Grund, ihre eigenen Kinder zu töten.

Studien zufolge werden Morde in Familien oft durch Missbrauch, Eheprobleme und häusliche Gewalt ausgelöst. Aus irgendeinem verdrehten Grund haben diese als "Familienvernichter" bezeichneten Verbrecher den gleichen gestörten Grund, ihre Kinder zu töten, um deren Leiden zu beenden.

Von den Männern fühlten sich 95 %, die sich solcher Verbrechen schuldig gemacht haben, "unbemannt", weil sie nicht in der Lage waren, ihre eigene Familie zu versorgen. Statistiken zufolge hat sich die Rate dieser besonderen Art von Morden seit der Kreditkrise praktisch verdoppelt.

Eine Frau, Lianne, litt darunter, dass sie als "frauenlos" galt, da sie gezwungen war, die Rolle der Alleinverdienerin der Familie zu übernehmen und mit verschiedenen Männern zu schlafen, um Geld für ihre Familie zu verdienen. Darüber hinaus wurde sie geschlagen und kontrolliert, bis sie fest daran glaubte, dass Martin ein außergewöhnlicher Ehemann und ein wunderbarer Mann war, obwohl er wegen der Vergewaltigung ihrer eigenen Tochter verurteilt worden war.

Es ist erschreckend festzustellen, dass Lianne einst im Kinderschutz arbeitete, einem hochsensiblen Job, bei dem sie so weit von der Realität entfernt zu sein schien, dass sie sich nicht einmal um ihre eigenen Leute kümmern konnte.

Diane Downs

Im Laufe der Jahre haben wir immer wieder erlebt, wie Liebe und Leidenschaft Menschen dazu bringen können, viele Dinge zu tun, sogar verrückte, verdrehte und unheimliche Dinge. So auch im Fall von Elizabeth Dianne Downs, die ihre tiefe Zuneigung und Liebe zu ihren Kindern demonstrierte, indem sie ihnen allen in den Kopf schoss, was zum Tod eines Kindes führte.

Wenn Sie glauben, dass Sie schon alles gesehen und gehört haben, werden Sie bald feststellen, dass ihre Geschichte einer der bizarrsten Fälle ist, die Ihnen je untergekommen sind. Die Frau vernachlässigte nicht nur ihre Pflichten als Mutter, sondern betrachtete ihre Kinder als eine große Unannehmlichkeit für ihre weiblichen Aktivitäten, während sie von einer Affäre zur nächsten eilte.

Tödliche Kopfverletzungen

Am 19. Mai 1983 wurde das medizinische Personal des McKenzie-Willamette-Krankenhauses in Springfield, Oregon, von einem roten Nissan alarmiert, der gegen 23.00 Uhr mit quietschendem Geräusch vor der Notaufnahme des Krankenhauses vorfuhr. Das Fahrzeug hatte Nummernschilder aus Arizona.

Eine junge Frau mit blondem Haar sprang aus dem Auto und schrie, jemand habe auf ihre Kinder geschossen. Als die Sanitäter eintrafen, sahen sie drei kleine Kinder im Auto, ein älteres Mädchen, Christie, etwa 8 Jahre alt, einen kleinen Jungen, Danny, 3 Jahre alt, und ein weiteres kleines Mädchen, Cheryl, etwa 7 Jahre alt. Alle Kinder hatten tödliche Schusswunden. Als die Ärzte sich bemühten, sofortige medizinische Hilfe zu leisten, war das jüngere Mädchen bereits verstorben.

Nach Angaben von Diane war sie mit ihrer Familie unterwegs, um einen engen Freund zu besuchen. Als sie auf dem Heimweg waren und die verlassene Straße passierten, sah sie einen Fremden mit buschigem Haar, der ihr signalisierte, sie solle anhalten. Sie sagte, sie wolle nachsehen, ob er Hilfe benötige, aber stattdessen schob der Fremde eine geladene Pistole durch das offene Fenster und begann zu schießen.

Ein unglaubwürdiges Märchen

Als die Detektive Diane zu befragen begannen, fanden sie ihre Erzählung fragwürdig. Der gesunde Menschenverstand diktiert, dass keine Mutter, die bei klarem Verstand ist, an einer abgelegenen Straße anhalten würde, um einem Fremden Hilfe anzubieten, insbesondere mit ihrer Familie im Schlepptau, und das auch noch spät in der Nacht.

Die örtlichen Behörden beobachteten auch, dass Diane auf eine seltsame Art und Weise distanziert wirkte. Trotz der tragischen Ereignisse vergoss sie keine Tränen, insbesondere als sie erfuhr, dass Cheryl bereits gestorben war.

Ein weiteres Detail, das Diane sehr verdächtig vorkam, war, dass Christie, als die Ärzte ihr erlaubten, nach ihren anderen Kindern zu sehen, sofort eine erhöhte Herzfrequenz aufwies und sie erschrocken aussah.

Die Detektive setzten ihre Ermittlungen fort und stießen auf Beweise, die möglicherweise die Puzzleteile zusammenfügten, die Diane für den Mord an einem Kind und die tödlichen Verletzungen der beiden anderen überführen würden.

In ihrem Tagebuch hatte Diane über ihre Liebe zu einem Mann geschrieben, der bereits verheiratet war und in Arizona lebte. Die Ermittler nahmen die Spur auf und beschlossen, nach der besagten Person zu suchen, wodurch sie mehr über Diane herausfanden.

Der Hintergrund des Verdächtigen

Elizabeth Diane Fredericks wurde 1955 in Phoenix, Arizona, geboren und wuchs in einer strengen und frommen Baptistenfamilie auf. Im Alter von 14 Jahren begann sie, Jungs zu entdecken und hatte es geschafft, sich in der High School einen Namen zu machen, als sie schließlich ihren Abschluss machte. Tatsächlich wurde sie von ihrer baptistischen Bibelschule vor allem wegen Promiskuität verwiesen.

In jungen Jahren war ihre Ehe mit Steve Downs, ihrem Highschool-Freund, aus einem unbekannten Grund gescheitert. Das Ehepaar Downs hatte zu dieser Zeit zwei Töchter, Cheryl und Christie. In dieser Zeit beschloss Diane auch, dass sie ein weiteres Kind von einem anderen Mann haben wollte.

1979 war die junge Mutter von drei Kindern ganz auf sich allein gestellt. Sie verdiente vor allem Geld, indem sie freiwillig ihre Dienste als Leihmutter anbot. Außerdem hatte sie eine feste Anstellung als Briefträgerin in Chandler, Arizona. Wie der Rest ihrer Kollegen leckte sie anfangs Briefmarken.

Verrückte Liebe

Eine der Personen, mit denen sie arbeitete, war ein verheirateter Mann namens Robert Knickerbocker. Laut Robert war er sich ihres schlechten Rufs bei Männern bewusst und dachte, sie sei eine gute Ablenkung für eine schnelle Affäre. Später fand er jedoch heraus, dass Diane eine ganz andere Idee hatte.

Robert war derselbe Mann, den Diane in ihren Tagebucheinträgen erwähnt hatte. Es schien, als sei sie in ihn verliebt, obwohl er ihr klar gemacht hatte, dass er nicht daran interessiert war, die Rolle des Ersatzvaters für ihre Kinder zu spielen.

1983 zog Diane nach Eugene, Oregon, um näher bei ihren Eltern zu sein, da das Paar vor einigen Jahren ebenfalls in diese Gegend gezogen war. In ihren Aufzeichnungen behauptete sie, dass Robert mit ihr über seine Pläne gesprochen hatte, seine eigene Frau zu verlassen und ihr dann nach Eugene zu folgen. Diane hatte sich verzweifelt an seine Worte geklammert. Sie hatte bereits ein neues Haus gefunden, als Robert sie anrief, um ihr mitzuteilen, dass er seine Entscheidung in der Tat geändert und beschlossen hatte, zu bleiben. Dies alles geschah einen Monat vor der Schießerei.

All diese Tatsachen kamen ans Licht, einschließlich eines Berichts ihres früheren Ehemanns, dass Diane eine Waffe mit Kaliber 22 besaß, was den Verdacht noch verstärkte. All diese verstreuten Beweise waren jedoch nicht stark genug, um eine Verurteilung zu rechtfertigen.

Erst die Aussage von Christie Downs, der Hauptzeugin, beschleunigte den Fall. Als das junge Mädchen im Mai 1984 endlich sprechen konnte, war sie in der Lage, vor Gericht zu erscheinen und während des Prozesses gegen ihre Mutter auszusagen.

Nach einer tränenreichen Aussage war es ihre Mutter, die den Abzug drückte und auf sie und ihre Geschwister schoss. Zur Zeit des Prozesses erwartete Diane offenbar ein weiteres Baby. Sie wurde schwanger, während ihre beiden überlebenden Kinder in Schutzhaft genommen wurden. Es wird spekuliert, dass Diane sich absichtlich schwängern ließ, um Mitleid zu erlangen, obwohl sie nach eigenen Angaben aus dem Grund schwanger wurde, weil sie ihre eigenen Kinder vermisste.

Leben nach der Verhandlung

Am 17.th Juni 1984 wurde Diane, die damals von den Medien vor allem wegen ihres blonden Haars als Prinzessin Di tituliert wurde, von den Geschworenen für schuldig befunden. Sie wurde zu lebenslanger Haft plus fünfzig Jahren Gefängnis verurteilt. Kaum zwei Wochen nach der Verhandlung brachte Diane ein Mädchen zur Welt, das sofort zur Adoption freigegeben wurde.

Offensichtlich hat ihre Tortur ihrem Appetit auf Männer keinen Abbruch getan, denn man hörte sie immer wieder von einer neuen Flamme sprechen. Irgendwann im Juli 1987 gelang es Diane, aus ihrer Zelle im Gefängnis auszubrechen, aber die Polizei konnte sie zehn Tage später finden, als sie sich in einem baufälligen Dachboden eines schäbigen Hauses nur vier Blocks entfernt versteckte. Es wurde auch festgestellt, dass sie eine Affäre mit einem männlichen Bewohner hatte.

Während ihrer gesamten Inhaftierung hatte Diane immer ihre Unschuld beteuert. Ihr Vater hatte eine Kampagne gestartet, um sie zu befreien, aber ihr letzter Antrag auf Bewährung wurde 2010 abgelehnt.

Was Dianes Kinder betrifft, so
wurden Christie und Danny beide
vom Staatsanwalt adoptiert. Es gab
auch eine Familie, die das
Neugeborene adoptierte. Das Paar
sagte, sie hätten nicht vor, dem Kind
von der Frau zu erzählen, die es
geboren hatte. Als das Kind zu
einem Teenager heranwuchs, erfuhr
es schließlich von Diane und
beschloss, sich in Briefen an sie zu
wenden.

Die Kommunikation zwischen den
beiden hielt jedoch nicht lange an,
da das Mädchen feststellte, dass
Dianes Briefe immer beleidigender
wurden und sie sich entschloss, die
Verbindung zu beenden.

Auch wenn wir behaupten, schon alles gesehen und gehört zu haben, stoßen wir doch immer wieder auf abscheuliche Geschichten von Menschen, deren Verhalten einfach jeder Logik widerspricht. Leider sind diese Kinder oft die unschuldigen Spielfiguren in den verdrehten Spielen, die Erwachsene spielen.

Für Diane Downs wurden Kinder wie entbehrliche Waren behandelt, die man wegwerfen konnte, wenn sie einem nicht passten, oder die man ins Leben rufen konnte, wenn man sich damit Mitleid erkaufen konnte.

Michelle Kehoe

Ein abschreckender Mordfall

Am 26. Oktober 2008 meldete Eugene Kehoe seine Frau Michelle und ihre beiden Söhne Sean und Seth als vermisst. Seinen Angaben zufolge waren die drei zu Verwandten der Familie nach Sumner, Iowa, gefahren. Am nächsten Morgen betrat Michelle das Haus eines Bewohners von Littleton und informierte ihn, dass ihre beiden Söhne in Gefahr seien.

Wenige Minuten später wurde die Leiche von Seth vor dem Fahrzeug der Familie gefunden, das nur wenige Meter vom Hook-n-Liner-Teich entfernt geparkt war. Laut Autopsiebericht waren die schweren Schnittverletzungen am Hals die Todesursache. Auch der ältere Bruder Sean erlitt ähnliche Schnittverletzungen, kämpfte aber um sein Leben. Er wurde sofort ins Krankenhaus gebracht, um operiert zu werden.

Die Narben am Hals des Jungen erwiesen sich als erschreckende Beweise für einen Mordfall, denn Sean schilderte der Polizei, was wirklich geschehen war. Dem Jungen zufolge war es seine Mutter, die ihm die Wunden zufügte, in der Absicht, ihn und seinen jüngeren Bruder zu töten.

Sean erzählte, dass seine Mutter Michelle mit ihm anfing, ihn in den hinteren Teil des Wagens zerrte und ihm dann Mund, Augen und Ohren mit Klebeband abklebte. Dann schnitt sie ihm die Kehle durch, bevor sie das Gleiche mit seinem jüngeren Bruder tat. Laut Sean konnte er seinen Bruder die ganze Zeit weinen hören, während sie den Jungen erbarmungslos mit einem Messer attackierte.

Verweigerung

Michelle hatte zunächst jegliche Beteiligung an den Angriffen bestritten und die Schuld an dem Vorfall einem Unbekannten zugeschoben. Schließlich gab sie jedoch zu, dass sie einige Wochen zuvor Klebeband und ein Messer gekauft hatte, konnte aber den Zweck des Kaufs nicht erklären.

Laut Seans aufgezeichneter Aussage vor Gericht konnte er sich über Nacht im Van einschließen, nachdem ihre Mutter ihnen die Kehle durchgeschnitten und sie zum Sterben zurückgelassen hatte. Es wurde auch ausgesagt, dass Michelle versuchte, sich mit demselben Messer, einem Winchester-Jagdmesser mit Tarngriff, das sie einen Monat vor der Tat gekauft hatte, selbst die Kehle durchzuschneiden.

Als Michelle klar wurde, dass sie nicht sterben würde und sich nicht dazu durchringen konnte, den Selbstmordplan auszuführen, taumelte sie etwa eine halbe Meile die Straße hinunter und klopfte an eines der nächstgelegenen Häuser, die sie finden konnte. Sie erzählte dann die Geschichte, die sie sich ausgedacht hatte, wie ein Fremder sie und ihre Söhne entführt hatte. Da sie glaubte, die beiden Jungen seien bereits tot, behauptete sie, sie sei die einzige Überlebende des Vorfalls.

Als die örtliche Polizei die Gegend nach dem Fremden absuchte, stieß sie stattdessen auf den Lieferwagen, in dem Sean und sein toter Bruder versteckt waren. Auf die Frage, welche weiteren Verletzungen er bei dem Angriff erlitten habe, sagte Sean, dass er nur am Hals verletzt

sei. Als die Behörden ihn fragten,
wer ihm die Schnitte zugefügt habe,
antwortete er einfach: "*Meine
Mutter*".

Vorsätzliches Verbrechen

Die Ermittlungen ergaben, dass
Michelle den Angriff bereits
mehrere Wochen zuvor geplant
hatte, was durch den Kauf des
Klebebands und des Messers
bewiesen wurde. Es wurde auch
angenommen, dass sie das Datum
des Vorfalls absichtlich so gewählt
hatte, dass es mit dem geplanten
Yoga-Kurs ihres Mannes
zusammenfiel. Eugene sagte den
Behörden, dass sie die Jungen zu
ihrer Mutter bringen wollte, die in
einem Pflegeheim in Sumner lebte.

Die örtliche Polizei berichtete, sie habe am Tatort Beweise für eine Vertuschung gefunden. Dazu gehörten einige Teile eines Erste-Hilfe-Kastens, die um den Lieferwagen herum verstreut waren, sowie eine handschriftliche Notiz, die den Angriff dokumentierte.

In der Notiz wird beschrieben, wie ein Fremder in den Lieferwagen einbrach, während die Familie an einer nahe gelegenen Tankstelle anhielt, und sie gewaltsam in die Gegend führte, in der der Lieferwagen später gefunden wurde. Michelle versuchte, sich mit einem Pfefferspray zu wehren, aber er war zu stark für sie und schlug sie bewusstlos, wie es in dem Brief heißt. Auf den Zettel angesprochen, behauptete Michelle, sie habe ihn mitten in dem früheren Angriff angefertigt, um zu erklären, was genau passiert war, wenn man den Tatort finden würde.

Interessanterweise endete die Notiz mit einem Dialog: "Oh nein, da kommt er wieder...".

Die Rettung

Der Mordfall hatte die enge Gemeinschaft von Coralville, einem kleinen Vorort von Iowa City, in dem Michelle und ihre Familie mit ihren beiden Söhnen lebten, erschüttert.

Der Vorfall ereignete sich drei Monate nach der Ehrung der vier Männer, die an einem kalten Dezembernachmittag in den Iowa River getaucht waren, um Michelle und ihre Söhne zu retten, durch Gouverneur Chet Culver.

Den Berichten zufolge war Michelle mit den Jungen auf dem Weg zur örtlichen Bibliothek, als das Auto versehentlich gegen den Bordstein fuhr. Sie verlor die Kontrolle über den Wagen, der auf dem Eis ins Schleudern geriet und in den vereisten Fluss stürzte. Als das Wasser begann, das Auto zu füllen, sahen drei männliche Passanten, wie es von der Straße abkam.

Glücklicherweise konnte Michelle ihren älteren Sohn aus der Sitzerhöhung nehmen und ihn durch das offene Fenster in die wartenden Arme von Cory Rath geben. Michelle nahm dann ihren jüngeren Sohn aus dem Autositz, der zu diesem Zeitpunkt erst 14 Monate alt war, und übergab ihn an Mark Petersen. Letzterer schwamm mit dem Jungen und übergab ihn dann an Josh Shepherd.

In der Zwischenzeit konnte sich
Michelle aus dem Auto befreien und
kämpfte gegen die raue Strömung
an, die sie unter Wasser zog. Steve
McGuire, ein Radfahrer, bemerkte,
dass sie sich abmühte, ließ sofort
sein Fahrrad stehen und sprang ihr
nach.

Diese dramatische Rettung hatte irgendwie eine enge Verbindung zwischen Michelle und ihren vier Rettern geschaffen, insbesondere zu Rath, der sich mit der gesamten Familie angefreundet hatte. Als er gebeten wurde, sich zu den jüngsten Ereignissen zu äußern, verweigerte Rath jeden Kommentar. Später sagte er in den Lokalnachrichten, dass es ihm das Herz gebrochen habe, als er hörte, was nach der dramatischen Rettung im vergangenen Jahr geschehen war. Er fügte hinzu, dass er hoffe, dass sich der ältere Sohn Sean vollständig von der Tragödie erholen werde.

Michelle wurde zu einer Gefängnisstrafe verurteilt, nachdem sie des Mordes ersten Grades sowie des versuchten Mordes und der Gefährdung von Kindern, die zu schweren Körperverletzungen führten, für schuldig befunden worden war.

Fälle von Filizid

Obwohl Mordfälle eher selten sind, haben diese Fälle eine erschütternde Wirkung auf die Gemeinschaft, insbesondere wegen der grausamen Art des Angriffs. Erschwerend kommt hinzu, dass die Mutter der Kinder für schuldig befunden wurde, das Verbrechen geplant und ausgeführt zu haben.

Die Fälle von Müttern, die ihre Kinder ermorden, werden weiterhin weltweit Aufmerksamkeit erregen, auch wenn solche Fälle nicht gerade neu sind. Solche Fälle sind so erschütternd tragisch, dass sie uns immer wieder zu Herzen gehen. Es ist traurig zu wissen, dass laut Statistik 50 % der Kindermorde von einem Elternteil verübt werden.

In solchen Fällen wird fast immer auf Unzurechnungsfähigkeit plädiert, obwohl dies nicht immer der Fall ist. Tatsächlich gibt es eine wachsende Zahl völlig gesunder Menschen, die sogar täglich böse und unvorstellbare Taten begehen.

Studien zufolge sind Mütter in der Regel aus mehreren Gründen motiviert, ihre Kinder zu töten. Zu den häufigsten gehören psychotische Wahnvorstellungen und egoistische Gründe.

Auch wenn solche Taten für den Rest von uns keinen Sinn ergeben, bedeutet das nicht unbedingt, dass der Mörder geistig instabil ist. Viele der Mordfälle wurden sorgfältig geplant, wie der Fall von Michelle Kehoe.

Emma Wilson

Als die Polizei den elf Monate alten Callum fand, hatte das Kind eine Hirnverletzung, eine Netzhautablösung, mehrere Knochenbrüche und schwere Prellungen erlitten. Er starb schließlich im März 2011 im Krankenhaus.

Seine Mutter, die 25-jährige Emma Wilson aus Windsor, England, wurde für schuldig befunden, das Verbrechen begangen zu haben. Wilson gab zunächst dem älteren Bruder von Callum die Schuld an den Verletzungen des Babys. Später stellte sich jedoch heraus, dass Wilson ihrem eigenen Kind die schweren Verletzungen zugefügt hatte, und sie wurde im Londoner Old Bailey zu lebenslanger Haft verurteilt, mindestens aber zu 14 Jahren. Die Geschworenen hatten sie nach einem fünfwöchigen Prozess einstimmig für schuldig befunden.

Tödliche Verletzungen

Den Unterlagen zufolge wurde Wilson 2009 mit dem Kind von Lee Workman schwanger, der, wie sich während des Prozesses herausstellte, nicht einmal wusste, dass er der Vater des Kindes war. Ähnlich wie bei der Schwangerschaft mit ihrem Erstgeborenen hielt Wilson auch die Empfängnis und Geburt des Kindes geheim. Sie behauptete, dass ihr damaliger Partner verlangt habe, Callum zur Adoption freizugeben, was sie zutiefst bedauert habe.

In den ersten Monaten seines Lebens wurde Callum von Pflegeeltern aufgenommen. Nach sieben Monaten wurde er jedoch an Wilson zurückgegeben. Nach weniger als vier Monaten in der Obhut seiner leiblichen Mutter brachte ein Krankenwagen das Baby mit schweren körperlichen Verletzungen ins Wexham Park Hospital. Callum erlitt Rippen-, Arm- und Beinbrüche sowie eine Hirnverletzung und starke Blutergüsse am Körper und im Gesicht.

Während des Prozesses machte Wilson für die Verletzungen von Callum das ständige Rollen und Schieben des Kindes durch den älteren Bruder verantwortlich. Dies wurde von den Behörden natürlich als höchst unwahrscheinlich eingestuft. Der ältere Bruder konnte die Rippen des Babys nicht gebrochen haben, da die

Verletzungen auf wiederholtes brutales Drücken
der Brust zurückzuführen waren.

Auf die Frage nach den Kratzern am Körper des
Babys gab Wilson auch dem älteren Kind die
Schuld. Nach Angaben des Detektivs, der den
Fall bearbeitet hat, wurde die tödliche
Gehirnverletzung des Babys durch einen
direkten Schlag auf den Kopf verursacht.
Wahrscheinlich wurde ein hartes Material
verwendet, um den Kopf zu treffen. Die
Beinfraktur hingegen wurde durch einen
heftigen Schlag gegen eine harte Oberfläche
verursacht.

Das umstrittene Selfie

Den Ermittlungen zufolge hatte Wilson auch die
Eltern und das Personal der Spielgruppe des
Kindes in Maidenhead belogen. Sie behauptete,
Callum sei nicht ihr Kind, sondern das Kind
ihrer Cousine. Sie gab auch eine falsche Adresse
und einen falschen Nachnamen für das Baby an,
und einmal behauptete sie sogar, dass die auf
Callums Gesicht gefundenen blauen Flecken von
einer älteren Schwester stammten, die nicht
existierte.

Nach Angaben des Spielgruppenpersonals
hatten sie die Veränderung des Babys

beobachtet, das anfangs als ein allgemein fröhliches und lächelndes Baby angesehen wurde. Im Laufe der Zeit wurde beobachtet, dass das Kind emotionslos und lustlos wurde.

Es gab ein umstrittenes Foto, das Wilson aufgenommen und ins Internet gestellt hatte und das sie mit dem Baby Callum im Hintergrund zeigt. Die Behörden waren sich jedoch nicht sicher, ob das Bild nach oder vor dem Tod des Babys aufgenommen worden war.

Das Gremium der Staatsanwaltschaft glaubte zwar nicht, dass die junge Mutter die Absicht hatte, das Baby zu töten, doch änderte dies nichts an der Tatsache, dass die Beweise zeigten, dass sie wiederholt Gewalttaten gegen ein unschuldiges und schutzbedürftiges Kind begangen hatte.

Die Nachbarn sagten aus, sie hätten 5 bis 6 laute Knallgeräusche in schneller Folge gehört. Die Wucht habe sogar ihre Leuchte leicht zum Wackeln gebracht, so die Nachbarin. Wilson versäumte es auch, am nächsten Morgen die Notrufnummer 999 zu wählen, und teilte dem Notdienstteam später mit, dass ihr Baby leblos wirkte und sich nicht bewegte. Callum starb zwei Tage später.

Als die Ermittler den Fall untersuchten, kamen sie zu dem Schluss, dass der ältere Bruder nicht genug Körperkraft besaß, um die schweren

Verletzungen zuzufügen. So wie es aussah, schien Wilson eine gute Mutter für das ältere Kind zu sein, aber sie schien keine Toleranz für das Baby zu haben.

Der Richter hatte auch festgestellt, dass Wilson während des gesamten Prozesses keine Emotionen gezeigt hatte, was seiner Meinung nach ein beunruhigendes Merkmal des Falles war.

Es wurde festgestellt, dass Wilson nicht an einer psychischen Krankheit oder Störung leidet. Allerdings hatte sie, wie bereits erwähnt, ihre Schwangerschaft mit Callum geheim gehalten. Tatsächlich wussten ihre Eltern nicht einmal, dass sie ein neues Enkelkind hatten, bis es zu spät war.

Während des Prozesses wurde eine Reihe von computergenerierten Bildern der Verletzungen des Babys gezeigt. Wilson gab einigen von ihnen die Schuld an ihren Bemühungen, Callum wiederzubeleben. Sie sagte, sie habe das Baby etwas zu fest gehalten, als sie in Panik geriet. Sie verteidigte sich auch mit den Worten, sie würde nicht im Traum daran denken, ihren eigenen Sohn zu verletzen, da es das Beste auf der Welt sei, Mutter zu sein.

Unter den vor Gericht vorgelegten Fotos befand sich auch eines, das Wilson grinsend neben einem weinenden Baby zeigt. Nach Ansicht des

Staatsanwalts war das Bild ein Beweis für die Sorglosigkeit der Mutter. Auf einem anderen Bild war zu sehen, wie sich das arme Baby von dem anderen Bruder entfernte, der eine Gartenschere in der Hand hielt.

Die vielen Lügen

Als Wilson gefragt wurde, warum sie die vielen Lügen über die Existenz von Callum erfunden hatte, gab sie zu, dass sie nicht damit umgehen konnte, dass die Leute um sie herum Fragen stellen würden. Da Callum die ersten sieben Monate seines Lebens in einer Pflegefamilie verbrachte, fiel es ihr schwer, den Menschen die plötzliche Anwesenheit ihres Babys in ihrem Leben zu erklären.

Wilson gab dem älteren Kind die Schuld an den Kratzern und anderen Verletzungen von Callum und behauptete, sie habe sogar den Hausarzt, ihre Eltern und sogar den Gesundheitsberater um Rat gefragt, wie man am besten mit Geschwisterrivalität umgeht. Sie sagte, ihr anderer Sohn sei manchmal grob zu dem Baby und hinterlasse oft Kratzer und blaue Flecken im Gesicht des Babys.

Während des Prozesses stellte sich heraus, dass Wilson durch eine kurze Affäre mit Workman mit Callum schwanger wurde. Die DNA-Tests bewiesen auch, dass ihr jetziger Partner Neil Mitchinson tatsächlich nicht der Vater des Kindes war. Erst nach dem Tod des Babys wusste Workman von der Existenz des Jungen und dass er tatsächlich ein Kind gezeugt hatte.

Wilson vertraute auch an, dass sie ursprünglich vorhatte, das Baby zur Adoption freizugeben und es wegzugeben, aber sie änderte später ihre Meinung und nahm das Baby mit. Der Staatsanwalt beschuldigte sie, Lügen über die Existenz des Kindes erzählt zu haben und nicht zuzugeben, dass sie die wirkliche Mutter war, um sich von den unerklärlichen blauen Flecken des Kindes zu distanzieren.

Zeugen traten vor

Nach Angaben vieler Zeugen sahen sie das Baby immer wieder mit frischen und alten Blutergüssen im Gesicht. Eine ungenannte Zeugin behauptete sogar, dass sie sich davor fürchtete, das Baby der Mutter zurückzugeben, da sie dachte, dass die Mutter die Verletzungen zugefügt hatte. Wilson hatte immer den Eindruck erweckt, dass sie sich darüber ärgerte, dass sie das Kind für ihre Cousine babysitten musste.

Es gab auch eine Mutter, die aussagte, sie habe Callum am Schwimmbad weinen und schreien gehört und bemerkt, dass das Kind neue blaue Flecken im Gesicht hatte. Nach einigen Tagen hatte auch die Kinderbetreuerin einen großen blauen Fleck an der Wange des Kindes festgestellt. Sie sagte, es sei der schlimmste blaue Fleck, den sie je bei einem Baby gesehen habe. Wilson erklärte den blauen Fleck damit, dass das Baby auf ein Spielzeug gefallen sei.

Bis zum Schluss hatte Wilson ihre Lügen fortgesetzt und nie zugegeben, dass Callum ihr Kind ist, und ihre wahre Beziehung zu dem Kind konsequent verschwiegen.

Wilson schluchzte, als das Urteil verlesen wurde, das sie zu lebenslanger Haft mit einer Mindeststrafe von 14 Jahren verurteilte.

Meredith Borowiec

Das Geheimnis der Schwangerschaft

Im Februar 2008 befand sich Meredith Katharine Borowiec im dritten Trimester ihrer Schwangerschaft und stand kurz vor der Entbindung. Im Gegensatz zu anderen Frauen, die ihren Babybauch stolz zur Schau stellen, verheimlichte sie die Tatsache jedoch vor ihrem Freund und ihren Arbeitskollegen. Sie behauptete, dass die erhebliche Veränderung ihrer Körperform auf eine Zystenbildung in ihrer Gebärmutter zurückzuführen sei.

In ihrem Bemühen, die
Schwangerschaft zu verheimlichen,
brachte sie ihr Kind in der
Privatsphäre ihrer Toilette in ihrer
Wohnung im Nordwesten Calgarys
zur Welt. Sie war allein. In einer
späteren Aussage sagte Borowiec,
sie habe den Schrei des Säuglings
wie das Miauen eines Kätzchens
gehört, bevor sie das Baby in ein
Handtuch wickelte und in einen
Müllsack steckte.

Dann entsorgte sie das Neugeborene
in einem nahegelegenen
Müllcontainer, wie ein Stück Abfall.
Sie entfernte sich von ihrem eigenen
Baby und sah nie wieder zurück. Es
hieß, das Baby sei umgekommen
und seine Leiche sei nie gefunden
worden.

Borowiec vergaß den Vorfall, als wäre er eine unbedeutende Episode in ihrem Leben, und ging ihren täglichen Geschäften nach, als hätte sie ihr eigenes Baby nie ermordet. Als sie von Freunden und Kollegen gefragt wurde, wie ihr Magen seine normale Größe wiedererlangt habe, behauptete sie, ihr Arzt habe ihr in einer Klinik die Flüssigkeit abgelassen.

Das zweite Kind

Um eine erneute Schwangerschaft zu vermeiden, begann Borowiec mit der Einnahme von Verhütungsmitteln, schaffte es aber nur drei Monate lang, diese einzunehmen. Im Oktober 2008 wurde sie leider erneut schwanger. Wie schon bei der letzten Schwangerschaft verheimlichte sie diese Tatsache vor allen, auch vor ihrem Freund. In der letzten Juliwoche 2009 brachte sie das Kind zum zweiten Mal auf der Toilette ihrer Wohnung zur Welt.

Wie das erste Baby gab auch das zweite nach der Geburt einen kleinen Schrei von sich, und wie das erste war es gesund und lebendig, aber leider nicht mehr lange. Wie eine alte Routine wickelte Borowiec das Neugeborene in ein Handtuch und entsorgte es, aber dieses Mal in einem anderen Müllcontainer. Dann ging sie weg, ohne sich darum zu kümmern, ob das Baby leben oder sterben würde.

Sie lebte ihr Leben weiter, als hätte sie nicht zum zweiten Mal gemordet. Auch die Leiche des Babys wurde nie gefunden.

Im Gegensatz zu anderen Frauen, die sich für legale Möglichkeiten wie Abtreibung oder Adoption entschieden, entschied sie sich für ihren eigenen Weg. Ihren Kollegen zufolge kam Borowiec, nachdem sie sich ein paar Tage freigenommen hatte, besonders gut gelaunt zur Arbeit zurück. Sie war auch merklich schlanker.

Als jemand sie fragte, was passiert sei, änderte sich Borowiecs ganzes Verhalten. Sie begann zu weinen und behauptete, sie habe eine Fehlgeburt gehabt. Sie sagte auch, sie habe nicht gewusst, dass sie überhaupt schwanger war. Eine andere Mitarbeiterin hatte ausgesagt, dass sie in den Jahren 2008 und 2009 ebenfalls bemerkt hatte, dass Borowiec dick geworden war. Sie hatte sich für mehrere Tage krank gemeldet und war mit einem bereits aufgeblähten Bauch zur Arbeit erschienen.

Interessant ist, dass ihr langjähriger Freund während der gesamten Zeit ihrer Schwangerschaften nichts davon wusste. Das wirft Fragen auf, denn der Körper einer schwangeren Frau ist kaum etwas, das man verstecken kann, vor allem nicht vor jemandem, mit dem man intim ist. Hinzu kommt, dass Babys im Uterus lebendig sind, sie winden sich und treten hin und wieder.

Borowiec hatte jedoch behauptet, dass ihr Freund vor und nach den Geburten der beiden Babys nichts mitbekommen habe.

Die dritte Schwangerschaft

Durch eine böse Fügung des Schicksals wurde Borowiec ein drittes Mal schwanger. Wie bei den beiden vorherigen Schwangerschaften erzählte sie niemandem von ihrem Zustand. Anstatt die üblichen Vorbereitungen für die Geburt eines Kindes wie Kinderzimmer und Babykleidung zu treffen, plante sie den nächsten Mord.

Im Oktober 2010 brachte Borowiec nach einer vollen Schwangerschaft erneut einen sechs Pfund schweren Jungen in ihrer Wohnung zur Welt. Beim dritten Mal wickelte sie das Baby in eine Mülltüte und legte es achtlos in einen Müllcontainer nur wenige Meter von ihrem

Haus entfernt. Sie erwartete, dass die Erinnerung an die Geburt ihres Kindes wie ein schlechter Traum verschwinden würde.

Womit sie jedoch nicht gerechnet hatte, war die Tatsache, dass die Schreie des Babys laut genug waren, um von Passanten gehört zu werden. Die Ironie des Schicksals war, dass Borowiecs Freund, der Vater des Säuglings, zufällig gerade nach Hause fuhr und den Leuten half, das schreiende Neugeborene zu finden und aus dem Müllcontainer zu holen.

Borowiec bekam von dem Tumult draußen nichts mit, da sie in ihrer Wohnung eine Zigarette rauchte und fernsah. Als sie nach draußen trat, konnte sie beobachten, wie sich Menschen und die örtliche Polizei versammelten, um den Vorfall zu untersuchen. Borowiec machte einen lässigen Eindruck und setzte sich einfach auf die Stufen ihrer Wohnung. Sie trug eine Pyjamahose und hatte sich eine Decke um die Taille gewickelt.

Als sich ein Polizeibeamter auf die Suche nach möglichen Zeugen machte, entdeckte er Borowiec, die er zunächst für eine der Schaulustigen hielt. Zufällig ging er auf sie zu und fragte sie, ob sie etwas wisse. Sie erzählte der Polizei, dass sie gerade in ihrer Wohnung war, um sich um eine Krankheit zu kümmern, und dass es ihr Freund war, der ihr von dem

Baby erzählte, das in dem Müllcontainer gefunden wurde.

Der Polizist bemerkte jedoch Blut auf der Decke und ihren Ärmeln, was ihn misstrauisch machte. Er rief die Sanitäter, um das Blut zu untersuchen, und Borowiec wurde in ein nahe gelegenes Krankenhaus gebracht, während der Polizeibeamte sie im Krankenwagen begleitete.

Noch bevor sie das Krankenhaus erreichen konnten, erhielt der begleitende Polizeibeamte einen Anruf von seinem Vorgesetzten, der ihm die Anweisung gab, Borowiec ihre Rechte in Bezug auf den Vorwurf des versuchten Mordes und der Aussetzung des Kindes vorzulesen. Zu diesem Zeitpunkt begann Borowiec zu weinen.

Borowiec bricht zusammen

In einem Anfall von Hysterie fragte sie den Polizeibeamten, was mit ihr geschehen würde. Es war offensichtlich, dass sie sich nicht um das Baby kümmerte. Daraufhin schritten die Sanitäter ein und stellten Borowiec Fragen zu ihrer Schwangerschaft und wann sie entbunden habe. Sie sagte ihnen, dass sie an diesem Tag erst mittags entbunden hatte.

Die Nachricht über das ausgesetzte Baby wurde in den Lokalnachrichten ausgestrahlt, was ihre

Kollegen alarmierte und sie dazu veranlasste, die Behörden anzurufen und ihren Verdacht auf die früheren Schwangerschaften zu melden.

Ein Jahr nach ihrer Verhaftung wurde Borowiec zu weiteren Verhören vorgeladen, da die Behörden der angeblichen Möglichkeit früherer Schwangerschaften auf den Grund gehen wollten. Nach einer Reihe bohrender Fragen brachte sie Borowiec dazu, zu gestehen, zwei weitere Babys aus früheren Schwangerschaften entsorgt zu haben. Sie wurde gefragt, ob sie etwas getan habe, um die Babys zum Schweigen zu bringen, woraufhin sie behauptete, sie habe ihnen nie etwas angetan. Sie sagte, sie habe gehofft, dass andere Menschen kommen und ihnen helfen würden.

Auch hier wurde Meredith verhaftet und wegen Mordes zweiten Grades angeklagt. Wäre es den Behörden nicht gelungen, von ihr ein Geständnis bezüglich der beiden anderen Babys zu erhalten, wäre es wahrscheinlich zu keiner Anklage gekommen, da keine Leichen gefunden wurden. Ein solcher Fall wäre schwer zu beweisen, wenn er nur auf Spekulationen beruht.

Man sollte meinen, dass Borowiec nach allem, was passiert war, ihre Lektion gelernt hätte. Während sie auf Kaution frei war, wurde sie erneut schwanger. Sie brachte das Kind im Juli 2012 zur Welt, während sie in Polizeigewahrsam war. Das Baby wurde ihr sofort weggenommen und schließlich zur Adoption freigegeben.

Im November 2013 wurde ein weiterer Prozess angesetzt, bei dem sie wegen Mordes zweiten Grades angeklagt wurde. Am Ende wurde sie jedoch wegen Kindesmordes verurteilt, der nicht als Mord gilt, da er in eine andere Kategorie fällt und mildere Strafen vorsieht. Tatsächlich betrug die Höchststrafe nur 5 Jahre Gefängnis.

Sie wurde nur zu 18 Monaten Gefängnis verurteilt, zusätzlich zu den ersten 18 Monaten, die sie bereits in Haft verbracht hatte.

Nupur Talwar

Es war der vorletzte Schultag an der
Delphi Public School, bevor sie
offiziell für die Sommerpause
geschlossen wurde. Die 13-jährige
AArushi Talwar diskutierte mit
ihren engen Freunden über ihre
bevorstehende
Geburtstagsübernachtung, die an
diesem Wochenende geplant war.

Es wurde erzählt, dass sich AArushi zu dieser Zeit gerade von ihrem Freund getrennt hatte, mit dem sie nur einen Monat zusammen war und mit dem sie sich offenbar zum Kino und zum Mittagessen getroffen hatte. Im Gegensatz zu anderen Mädchen in ihrem Alter, die keine romantischen Beziehungen eingehen durften, wussten ihre Eltern über den Mann Bescheid, und ihre Freundinnen hatten ihren Neid über ihre Offenheit zum Ausdruck gebracht.

Obwohl AArushi als etwas schüchtern bekannt war, vertraute sie ihren engen Freunden an, dass sie eines Tages berühmt werden wollte.

Der Zeitstrahl

Am selben Abend hatte der bei den Talwars lebende Koch nepalesischer Abstammung, Hemraj Banjade, Rotis, Linsen und Okra für das um 21:30 Uhr angesetzte Familienessen zubereitet. Gleich nach dem Essen überreichten ihre Eltern ihr eine Geburtstagsüberraschung in Form einer 10-Megapixel-Kamera von Sony. Dabei handelte es sich um eine viel bessere Version als die, um die sie sie zuvor gebeten hatte.

Vor dem Schlafengehen hatte AArushi die Kamera getestet, und die letzte Aufnahme wurde um 22.10 Uhr gemacht, also kurz bevor ihre Eltern zu Bett gingen. Eines der Fotos zeigte das junge Mädchen in derselben Kleidung, die sie vor und nach ihrem Tod trug.

Um 23:00 Uhr lag AArushi in ihrem Bett und las einen Roman. Die Polizei stellte fest, dass Rajesh, der Vater, um 23:45 Uhr eine E-Mail an die American Academy of Implant Dentistry schickte. Gegen 6:00 Uhr morgens klingelte es an der Tür, wodurch das Paar geweckt wurde. Offenbar hatte Hemraj das Hausmädchen bereits hereingelassen, aber Nupur, die Mutter von AArushi, konnte Hemraj offenbar nicht finden.

Sie rief ihn von ihrem Mobiltelefon aus an, aber es ging niemand ran. Beim zweiten Versuch war das Telefon bereits ausgeschaltet. Inzwischen war Rajesh zu ihr ins Wohnzimmer gekommen und sah zu seiner Überraschung eine leere Whiskyflasche auf dem Esstisch stehen. Daraufhin wies er seine Frau an, nach ihrer Tochter zu sehen.

Als sie ihr Schlafzimmer erreichten, fanden sie AArushi in ihrem Schlafanzug vor, ihr Körper war noch mit Laken bedeckt, aber ihre Schultasche lag auf ihrem Gesicht. An der Unterseite ihres Kopfes befand sich Blut.

Hemraj Vermisst

Gegen 7.00 Uhr morgens traf die örtliche Polizei in der Wohnung der Talwars ein. Um 8:00 Uhr morgens konnten die Medien die Geschichte aufgreifen und sahen einen echten Knüller in einem Mordfall in einem wohlhabenden Viertel.

Da Hemraj immer noch vermisst wurde, erklärte die Polizei den Fall für abgeschlossen. Hemraj war der Hauptverdächtige des Verbrechens. Die Spekulationen über den Whisky, den Hemraj getrunken haben soll, bevor er in das Zimmer des Mädchens einbrach und sie mit einem nepalesischen Messer angriff, gingen ins Kraut.

Blut wurde nicht nur im Schlafzimmer des Mädchens gefunden, sondern auch an den Griffen der verschlossenen Türen im Obergeschoss und auf der Dachterrasse. Am Mittag wurde eine Obduktion durchgeführt, bei der festgestellt wurde, dass AArushis Todesursache eine übermäßige Blutung war.

In dem Bericht heißt es, dass am Kopf von AArushi drei Wunden und ein Einschnitt am Hals gefunden wurden.

Auch einen Tag, nachdem Aarushi tot aufgefunden wurde, kamen die Besucher in Scharen, um der Familie ihr Beileid auszusprechen. Unter ihnen war auch K.K. Gautam, ein pensionierter Polizeibeamter. Er behauptete, dass ihn bei seinem Besuch im Haus sein polizeilicher Instinkt überkam. Er überprüfte das Hemraj zugewiesene Zimmer und bemerkte Blutflecken auf der Treppe, die zur Terrasse führte.

Dann brach er die Terrassentür auf und fand dort Hemrajs Leiche, die in einer Blutlache lag. Er hatte einen Schlitz an der Kehle und zahlreiche Verletzungen am Körper. Es schien, dass der Körper bereits stark verwest war.

Die Leiche war so stark
aufgedunsen, dass es zunächst
schwierig war, festzustellen, ob es
sich wirklich um Hemraj handelte.
Aber aufgrund des blutigen
Handabdrucks direkt neben der
Wand, an der die Leiche gefunden
wurde, war es Hemraj. Die Autopsie
ergab, dass die Leiche fast die
gleichen Verletzungen aufwies wie
die von A Arushi.

Weitere Fragen

Die Nachricht über den Doppelmord verbreitete sich schnell im ganzen Land. Sogar die ausländischen Medien griffen die Nachricht auf, und AArushi wurde bald zu einem Begriff. Mit dem Tod des Hauptverdächtigen verlangten die Medien und die Bevölkerung nach Antworten. Es wurde vermutet, warum die Leiche des jungen Mädchens so schnell eingeäschert und der Tatort sofort gereinigt worden war. Vor allem wurde die Frage aufgeworfen, wie es dem Ehepaar gelungen war, zwei Morde in dem Haus zu verschlafen und durch kein Geräusch alarmiert worden zu sein.

Dann wurde bekannt, dass es sich bei der Mordwaffe nicht um ein nepalesisches Messer handelte, wie zunächst berichtet wurde, sondern um ein chirurgisches Werkzeug. Dies änderte den gesamten Ton und den Blickwinkel der Ermittlungen und wies auf die Eltern des toten Mädchens hin, die beide ausgebildete Zahnärzte waren.

Eine Woche nach den Morden wurde der Vater Rajesh verhaftet. In verschiedenen Fernsehsendern wurde wiederholt ein Bild von ihm gezeigt, auf dem zu sehen war, wie er in das wartende Polizeiauto geschoben und gezerrt wurde. Er behauptete, es sei ein abgekartetes Spiel.

In einer Pressekonferenz des Generalinspekteurs wurden Anschuldigungen laut, Rajesh habe eine außereheliche Affäre gehabt und sei angeblich gegen 23.30 Uhr nach Hause gekommen, wo er sowohl Hemraj als auch A Arushi in einer kompromittierenden Stellung vorgefunden habe, was zu dem Mord geführt habe.

Spekulationen zufolge wurde Rajesh beim Anblick der beiden wütend, zerrte Hemraj auf die Terrasse, schlug ihm den Kopf ein und schnitt ihm dann die Kehle durch. Dann kam er wieder herunter, um seine Tochter zu töten, nachdem er eine Flasche Whisky getrunken hatte.

Die Menschen, die das 13-jährige Mädchen kannten, reagierten empört und behaupteten, sie hätte sich nicht auf eine Beziehung mit einem älteren Mann eingelassen.

Am Tag nach der Verhaftung ihres Mannes gab Nupur ein Fernsehinterview. Trotz der Tragödie, die über ihre Familie hereingebrochen war, konnte sie zusammenhängend sprechen und schien keine Emotionen zu zeigen. Für viele Zuschauer war dies ein vernichtendes Zeichen von Schuld.

Die folgenden Monate hatten sich als Albtraum erwiesen, denn die Öffentlichkeit hatte sich gierig auf ungenannte Quellen gestürzt. Es gab Berichte, die besagten, dass die Talwars beide außereheliche Affären hatten. Das Lokalfernsehen verlieh der Sache noch mehr Dramatik. Der abschließende Polizeibericht wies sowohl Nupur als auch Rajesh als Verdächtige in dem Doppelmordfall aus.

Urteil

Der Fall zog sich über mehrere Jahre hin. Am 25. November 2013 hatte das Gericht Rajesh und Nupur Talwar für schuldig erklärt, die beiden Morde in ihrem eigenen Haus begangen zu haben. Das Paar wurde nicht nur wegen Mordes verurteilt, sondern auch wegen Irreführung der Ermittlungsbehörden und Vernichtung von Beweisen angeklagt. Die Eltern des toten Mädchens wurden wegen des Doppelmordes zu lebenslanger Haft verurteilt.

Die Familie und die Verwandten der Talwars beschwerten sich und bestanden darauf, dass das Urteil eindeutig ein Justizirrtum sei. Die Entscheidung wurde von dem Paar im Januar 2014 vor dem Obersten Gerichtshof angefochten.

Die einzigartigen Wendungen der Geschichte und das Drama, in das eine wohlhabende Familie verwickelt war, zogen die Aufmerksamkeit der Menschen auf sich, die von den übereifrigen Medien weiter angeheizt wurde. Es wurden sogar Filme gedreht, die von den Ereignissen in diesem Fall inspiriert waren. Als Nupur davon erfuhr, wehrte sie sich gegen die Veröffentlichung eines Films mit der Begründung, dass er die Tragödie der Familie ausnutze. Die Produktionsfirma hatte sich jedoch geweigert, Änderungen an der Handlung und am Drehbuch des Films vorzunehmen.

Bis zum heutigen Tag setzt sich die Familie der Talwars aktiv dafür ein, die Unschuld von Rajesh und Nupur Talwar zu beweisen.

Natascha Sultan

Das Leben der fünf Wochen alten Amelia Lilly Sultan-Curtis wurde abrupt beendet, als ihre eigene Mutter sie infolge eines angeblichen Gewaltausbruchs tötete. Das Baby starb im Krankenhaus, nachdem es am 7. Oktober 2012 einen einzigen Schlag auf den Kopf erhalten hatte.

Die Ermittlungen ergaben, dass Natasha Sultan, die Mutter des Kindes, an einer postnatalen Depression gelitten hatte. Natasha war 21 Jahre alt und wohnte in Welton Grove, Hull, im Vereinigten Königreich.

Eingeständnis einer Straftat

Im Gegensatz zu anderen Müttern, die das gleiche Verbrechen begangen hatten, hatte Natasha am ersten Tag ihres Prozesses zugegeben, dass sie sich des Kindermordes schuldig gemacht hatte. Ein Plädoyer wurde von der Staatsanwaltschaft angenommen.

Laut Tim Roberts von der Staatsanwaltschaft hatte Natasha jedoch bereits vor der Verhandlung ihre Geschichte mehrmals geändert. Er behauptet, dass sie zunächst jegliche Kenntnis von der tödlichen Verletzung ihres Neugeborenen abgestritten habe.

Im Laufe der Ermittlungen behauptete Natasha dann, sie habe ihr Baby versehentlich fallen gelassen, bevor sie schließlich zugab, dass sie diejenige war, die den tödlichen Schlag versetzte, der den Schädel von Baby Amelia brach, was als Todesursache festgestellt wurde.

Den Gerichtsunterlagen zufolge hatte Natasha die Einnahme ihrer Medikamente gegen postnatale Depressionen eingestellt. Zur Tatzeit soll sie unter einem Strudel psychischer

Störungen und extremer Müdigkeit gelitten haben.

In einem Interview gestand Natasha, dass sie nach dem schweren Schlag auf den Kopf des Babys beschloss zu schlafen. Es war ihr Lebensgefährte James Curtis, der das Neugeborene bereits leblos in seinem eigenen Bettchen vorfand, als er von der Arbeit zurückkam. James hatte an diesem Tag eine Friedhofsschicht eingelegt.

Die Staatsanwaltschaft hatte ihr Schuldbekenntnis mit der Begründung akzeptiert, dass Natasha kurzzeitig geistig verwirrt gewesen sei.

Urteil

Der Richter, der den Vorsitz führte, war Richter Jeremy Richardson, der erklärte, Natasha sei durch den Vorfall völlig gebrochen. Er fügte hinzu, dass sie für den Rest ihres Lebens mit der schweren Last leben müsse, ihre eigene Tochter getötet zu haben.

In seinem Urteil erklärte der Richter, dass die Sozialdienste eingeschaltet würden, falls Natasha ein weiteres Kind bekäme. Nach dem Geschehenen durfte sie jedoch kein Kind mehr großziehen. Außerdem wurde ihr untersagt, mit Kindern zu arbeiten.

Natasha wurde zu einer dreijährigen Überwachungsanordnung verurteilt, was bedeutete, dass sie keine Haftstrafe antreten musste.

Postnatale Depression

Der Hull Crown Court hatte gehört, dass Natashas Hausarzt bei der jungen Mutter eine postnatale Depression diagnostiziert hatte. Er hatte ihr Antidepressiva verschrieben, um ihr zu helfen, mit ihrem Zustand fertig zu werden.

Laut ihrer Aussage nahm Natasha jedoch nur eine Tablette ein. Sie behauptete, dass sie durch das negative Stigma, das oft mit ihrem Zustand verbunden war, irgendwie beeinflusst wurde. Sie befürchtete, dass die Einnahme von Antidepressiva ihre Fähigkeiten oder das Fehlen dieser Fähigkeiten als Mutter beeinträchtigen würde. Auch ihr Lebensgefährte James Curtis hatte ihr offenbar vorgeschlagen, keine Medikamente mehr einzunehmen, da er der Meinung war, sie brauche sie nicht.

In den Tagen vor dem Tod des Babys Amelia behauptete Natasha, dass sie nur eine Stunde Schlaf bekommen habe. Herr Curtis arbeitete als

Wachmann in einer Nachtschicht, was erklärt, warum er Natasha allein lassen musste, um sich um das Baby zu kümmern. Er hatte auch ausgesagt, dass er in der Nacht, in der das Baby starb, gegen 22.30 Uhr eine SMS von Natasha erhalten hatte, in der sie ihm mitteilte, dass das Baby schlief und sie zu Bett gehen würde.

Als James jedoch am nächsten Tag gegen 8.00 Uhr morgens nach Hause kam, war Amelia nicht mehr ansprechbar und ihr Körper lag bereits kalt in ihrem Bettchen. Als er ankam, fand er auch Natasha noch schlafend vor. Als er sie über den Zustand des Babys informierte, brach sie zusammen und fiel auf die Knie.

Wie bereits erwähnt, wurde das Baby am nächsten Tag offiziell für tot erklärt. Bei einer Röntgenuntersuchung wurde festgestellt, dass Amelia einen Schädelbruch erlitten hatte, was darauf hindeutet, dass es sich um eine vorsätzliche Handlung handelte und nicht um einen Unfall. Während dieser Zeit dachte sich Natasha eine Lüge aus, um ihren Partner, das Krankenhauspersonal und die örtliche Polizei davon zu überzeugen, dass sie gestolpert sei und das Neugeborene versehentlich fallen gelassen habe.

Die von Experten durchgeführte Untersuchung ergab jedoch, dass Natashas Geschichte in Anbetracht der Schwere der Verletzung schlichtweg unglaubwürdig war und nicht mit einem versehentlichen Sturz vereinbar war, bei dem sie schätzungsweise aus Hüfthöhe auf den Teppichboden des Schlafzimmers fiel. Dem Bericht zufolge bedurfte es einer erheblichen Kraftanstrengung, um die schweren beidseitigen Frakturen zu verursachen. Es wurde angenommen, dass Natasha den Schädel des Babys brutal auf eine harte Oberfläche aufgeschlagen hatte.

Das Urteil des Richters

Anstelle einer Gefängnisstrafe stellte der Richter fest, dass Natashas Handlungen nicht von einer grausamen und berechnenden Frau begangen wurden, sondern von einem unkontrollierten Wutausbruch, ausgelöst durch die psychische Störung, die mit einer postnatalen Depression einhergeht.

Die Tatsache, dass ein unschuldiges und wehrloses Kind durch ihre Hand gestorben ist, sei ein schwerwiegendes und bedeutsames Problem, das man nicht einfach abtun könne. Er habe jedoch berücksichtigt, dass die frischgebackene Mutter höchstwahrscheinlich nicht nur erschöpft, sondern auch sichtlich frustriert war. Sie hatte zugegeben, dass es ihr schwerfiel, Amelia zu ernähren, weshalb sie zu wenig Schlaf hatte und ihre zunehmende

Frustration an dem Kind ausließ.

Es stimmt zwar, dass viele Mütter unter der gleichen Notlage leiden und Verständnis für die Faktoren aufbringen würden, die sie zu ihrer Tat getrieben haben, doch der Richter wies darauf hin, dass es schwierig war, Natashas Verhalten zu verstehen, nachdem sie ihrer eigenen Tochter schwere Gewalt angetan hatte. Anstatt dringende medizinische Hilfe zu leisten, entschied sie sich zu schlafen.

Das Gericht hatte auch eine Reihe von Zeugenaussagen berücksichtigt, die die Behauptung stützten, dass Natasha eine liebevolle Mutter war, die ihr Kind anbetete. Amelia war von dem Paar sehr erwünscht und sie betrachteten sie als einen Segen. Wie sich in der bösartigen Wendung der Ereignisse zeigte, hatten Depressionen und der allgemeine Schlafmangel sie an ihre Grenzen gebracht.

Natasha schluchzte leise, als das Urteil wegen Kindermordes verlesen wurde. Im Vereinigten Königreich ist die Höchststrafe für dieses

Verbrechen eine lebenslange Haftstrafe. Da der Richter jedoch die Behauptung, sie sei geistig unzurechnungsfähig, berücksichtigt und akzeptiert hatte, erhielt sie eine dreijährige Überwachungsanordnung.

Kenisha Berry

Am 29. November 1998 klebte die zwanzigjährige Kenisha Berry aus Jefferson County, Texas, ihrem vier Tage alten Sohn Klebeband um den Mund und den Körper, bevor sie ihn in einen Plastikmüllsack steckte und die Leiche des armen Jungen in einem Müllcontainer zurückließ, was schließlich zum Tod des Kindes führte. Kenisha Berry wurde später wegen Mordes angeklagt und im Februar 2004 zum Tode verurteilt.

Baby Hope wurde von den besorgten Nachbarn der kleine Engel genannt. Sie wurde erst fünf Jahre später identifiziert, als im Juni 2003 ein weiteres ausgesetztes Kind namens Paris gefunden wurde. Die Leiche des Kindes wurde mit Tausenden von Ameisenbissen übersät aufgefunden, die einen Krampfanfall verursachten.

Zum Glück gab ein Hinweisgeber, der sich mit der Polizei abstimmte, an, dass Kenisha Berry die Mutter des Kindes sei. Schließlich stellte sich Berry selbst der Polizei. Nach DNA-Tests wurde nachgewiesen, dass Kenisha Berry auch die Mutter von Baby Hope ist.

Aus den Gerichtsakten geht hervor, dass Kenisha Berry ihre Schwangerschaften geheim hielt. Sie hatte noch drei weitere Kinder, die offenbar unversehrt waren. Aus den Unterlagen über ihre frühere Beschäftigung geht hervor, dass sie etwa vier Monate lang in Dayton als Gefängniswärterin gearbeitet hat. Aus einer anderen Akte geht hervor, dass sie zum Zeitpunkt ihrer Verhaftung in Beaumont als Kinderbetreuerin tätig war.

Der ungelöste Mordfall

1998 wurde das damals vier Tage alte Baby Hope (später als Malachi identifiziert) in einer Mülltonne in Texas gefunden, der Körper und der Mund mit Klebeband zugebunden. Das Baby starb an den Folgen des Erstickens. Trotz des öffentlichen Aufschreis und der Verurteilung wurde der Säugling fünf Jahre lang nicht identifiziert, so dass der Mord ungelöst blieb.

Das zweite unvorstellbare Verbrechen

Im Juni 2003 wurde ein weiteres kleines Mädchen in einem Graben gefunden. Zum Glück war es noch am Leben, aber völlig mit Feuerameisen bedeckt. Nach der Entdeckung des kleinen Mädchens stellte sich Kenisha Berry den Behörden. Sie gab sich als die Mutter des

Kindes, Baby Paris, zu erkennen. Nachdem sie der Polizei mitgeteilt hatte, wo sie ihr Kind zurückgelassen hatte, waren die Behörden verblüfft, als sie feststellten, dass dies genau der Ort war, an dem Baby Hope fünf Jahre zuvor gefunden worden war. Nach ihrer Verhaftung und der Sicherstellung von DNA-Tests ergaben sich Beweise, die eindeutig auf Berry als Mutter beider Kinder hindeuteten.

Berrys Motivation für das Verbrechen

Als Kenisha Berry verhaftet und von den Behörden verhört wurde, schwieg sie über die Gründe für die Tötung ihres vier Tage alten Säuglings und für die Aussetzung von Baby Paris. Dementsprechend hielt sie beide Schwangerschaften vor allen Menschen in ihrem Leben geheim. Sie war so entschlossen, ihre Schwangerschaft geheim zu halten, dass sie beide Kinder allein in ihrem Haus zur Welt brachte. Neben Baby Hope und Baby Paris hatte Kenisha Berry noch drei weitere Kinder, um die sie sich kümmerte und die allesamt unversehrt blieben. Allerdings stammten alle drei Kinder von verschiedenen Vätern. Kenisha Berry war als hart arbeitende Frau bekannt, die als Kinderbetreuerin und Gefängniswärterin arbeitete, um über die Runden zu kommen.

Die Verurteilung und die Nachwirkungen

Ursprünglich wurde Kenisha Berry wegen der Ermordung von Baby Hope und wegen der Aussetzung von Baby Paris zum Tode verurteilt. Ihr Fall ging jedoch vor das Berufungsgericht und wurde schließlich aufgehoben. Die Geschworenen waren in dem Fall sehr gespalten und stimmten mit 5:4 für Berry.

In Fällen, in denen die Todesstrafe verhängt wird, musste jeder Geschworene prüfen, ob der Angeklagte in Zukunft eine Gefahr für die Gesellschaft darstellen würde. Da Berry in der Regel in anderen Zusammenhängen nicht gewalttätig war, wurde sie schließlich als nicht geeignet für die Todesstrafe eingestuft. Zurzeit verbüßt sie eine lebenslange Haftstrafe.

Die Kritiker wiesen darauf hin, dass es mit dieser Überlegung unmöglich würde, dass Eltern, die ihre Kinder töten, eine Todesstrafe erhalten. Nach der Urteilsverkündung übernahmen Berrys Onkel und Großtante das Sorgerecht für Baby Paris, zusammen mit den drei anderen Kindern des Verdächtigen. Obwohl Baby Paris aufgrund von Krampfanfällen, die durch die Bisse der Feuerameisen ausgelöst worden waren, mehr als einen Monat im Krankenhaus verbracht hatte, erholte sie sich wieder vollständig. Kenisha Berry hingegen

würde erst nach vierzig Jahren auf Bewährung
entlassen werden können.

Aufhebung von Berrys Todesurteil

Am 24. Mai 2007 wurde das Todesurteil gegen
Kenisha Berry von einem stark gespaltenen
texanischen Berufungsgericht aufgehoben. Nach
einem 5:4-Urteil des höchsten Strafgerichts des
Bundesstaates muss Kenisha Berry jedoch nur
eine lebenslange Haftstrafe für die Tötung von
Malachi verbüßen, der hilflos mit Klebeband
gefesselt und zum Sterben in einer Mülltonne in
Jefferson County zurückgelassen wurde.

Berrys Verurteilung wurde aufrechterhalten.
Das Berufungsgericht stellte jedoch fest, dass die
Staatsanwaltschaft von Jefferson County eine
spezielle Frage, die den Geschworenen im
Hinblick auf Berrys Wahrscheinlichkeit, eine
große Gefahr für die Gesellschaft zu sein,
vorgelegt wurde, falsch dargestellt hatte.

Bei Todesstrafen ist die Frage der potenziellen
künftigen Gefährlichkeit eine der wichtigsten
Überlegungen, die jeder Geschworene anstellen
muss, bevor er sich für ein Urteil entscheidet.

Nach Ansicht von Richterin Cheryl Johnson, der
sich Cathy Cochran, Tom Price, Charles
Holcomb und Paul Womack anschlossen,

forderten die Argumente der Staatsanwaltschaft die Geschworenen eindeutig auf, davon auszugehen, dass Kenisha Berry in der freien Welt leben würde. Dementsprechend besagt der Präzedenzfall eindeutig, dass der Begriff "Gesellschaft" sowohl die Gefängniswelt als auch die "freie Welt" umfasst und dass die Geschworenen die Gefährlichkeit in diesem besonderen Kontext berücksichtigen müssen.

Vier Richter aus dem Bundesstaat meldeten sich zu Wort und sagten, dass die Mehrheit der Argumente Eltern, die ihre Kinder töten, möglicherweise von der Todesstrafe ausnehmen könnte. Richterin Barbara Hervey sagte in ihrer abweichenden Stellungnahme, dass Berry innerhalb von fünf Jahren ein Kind kaltblütig getötet und sogar versucht habe, ein weiteres zu töten. Die vorsitzende Richterin Sharon Keller und ihre Kollegen Michael Keasler und Lawrence Meyers schlossen sich ebenfalls dem Standpunkt von Richterin Hervey an.

Nachdem Berry wegen der Aussetzung ihrer kleinen Tochter Paris verhaftet worden war, wurden ihre Fingerabdrücke auf einem Stück Klebeband identifiziert, mit dem der kleine Malachi fünf Jahre vor der Entdeckung des zweiten Kindes gefesselt worden war.

Die Mehrheit des Gerichts sagte, dass der Staat zwar in gewisser Weise nachweisen konnte, dass der Verdächtige ein signifikantes Muster zeigte, die von einer Person gezeugten Kinder zu behalten und die von anderen Männern gezeugten Kinder wegzuwerfen, dass er jedoch nicht in erheblichem Maße nachweisen konnte, dass eine andere Motivation zu der gefährlichen und gewalttätigen Tat in einem anderen Kontext führte.

In Zeugenaussagen während Berrys Kapitalmordprozess gab sie Einblicke in die Vergangenheit der Verdächtigen. Berry war nach Angaben ihrer Familie ein Schulabbrecher, obwohl sie einen General Equivalency Degree erworben hatte, was dazu führte, dass sie Gefängniswärterin in Dayton wurde. Den Aufsehern des Dayton-Gefängnisses zufolge war Berry eine fleißige Arbeiterin, obwohl sie gelegentlich Schichten versäumte, ohne sich zu melden. Dies führte schließlich dazu, dass ihre Vorgesetzten sie von der Arbeit entließen. Zum Zeitpunkt ihrer Verhaftung arbeitete Berry seit mehr als einem Jahr in einer Kindertagesstätte in Beaumont.

Marybeth Tinning

Marybeth Tinning war eine amerikanische Gefangene, die zu zwanzig Jahren bis lebenslänglich verurteilt wurde. Diese Mörderin, die zugab, ihre eigenen Kinder getötet zu haben, um die Sympathie anderer zu gewinnen, wurde am 4. Februar 1986 verhaftet, nachdem sie ihre Kinder von 1972 bis 1985 ermordet hatte.

1985 erdrosselte Tinning ihre damals dreieinhalb Monate alte Tochter. Obwohl sie die Morde an zwei ihrer anderen Söhne gestand, war Tinning auch die Hauptverdächtige in Bezug auf den Tod aller ihrer acht anderen Kinder. Ursprünglich ging man davon aus, dass ihre Kinder eines natürlichen Todes starben, der im Jahr 1972 begann. Aus den Akten geht hervor, dass alle Marybeths Kinder vor ihrem fünften Geburtstag starben. Der heute 59-jährige Tinning verbüßt eine 20-jährige Haftstrafe.

Das frühe Leben von Tinning

Marybeth Roe Tinning wurde in einer kleinen Stadt in New York, Duanesburg, geboren. Zusammen mit ihrem jüngeren Bruder besuchten die Geschwister die Duanesburg High School. Dementsprechend war Marybeth eine typische Schülerin. Alton Roe, ihr Vater, arbeitete bei General Electric als Pressenbediener. Während ihrer gesamten Kindheit soll Marybeth unzählige Male versucht haben, sich umzubringen.

In den ersten Jahren ihres Lebens arbeitete Marybeth in verschiedenen Jobs mit geringem Einkommen. Im Laufe der Zeit bekam sie eine Stelle im Ellis Hospital in Schenectady als Pflegehelferin. Im Jahr 1963 lernte Marybeth Joe Tinning bei einem Blind Date kennen. Zwei Jahre später, 1965, heiratete das Paar den Bund der Ehe.

Der Tod von Marybeth Tinning's Kindern

Timothy wurde am Thanksgiving Day 1973 geboren. Kaum drei Wochen nach seiner Geburt wurde Timothy in dasselbe Krankenhaus eingeliefert, in dem er geboren worden war, und bei seiner Ankunft für tot erklärt. Tinning erzählte ihren Ärzten, dass sie Timothys Körper bereits leblos in seinem Kinderbett vorfand. Nach einer sorgfältigen Untersuchung stellten die Ärzte keine medizinischen Mängel an dem kleinen Kind fest. Ein Fremdverschulden wurde ausgeschlossen, und die Ärzte führten seinen Tod auf SIDS (Plötzlicher Kindstod) zurück.

Zwei Jahre nach dem Tod von Timothy wurde am 30. März 1975, einem Ostersonntag, der kleine Nathan geboren. Nathan war das vierte Kind der Tinnings. Am 2. September erschien Marybeth in der Notaufnahme des St. Clare's Hospital, im Schlepptau ein Baby, das bereits tot war. Sie erzählte den Ärzten, dass sie, während sie mit Nathan auf dem Beifahrersitz durch die Stadt fuhr, bemerkte, dass ihr Baby bereits aufgehört hatte zu atmen. Wie bei ihrem Erstgeborenen gab es auch bei Nathan keine brauchbare Erklärung für seinen Tod. Auch hier wurde der Tod des Babys auf SIDS zurückgeführt, genau wie der von Timothy.

Nachdem sie zwei Kinder verloren hatten, beschloss das Paar, ein Baby zu adoptieren. Im Jahr 1978 wurde Tinning trotz des Adoptionsantrags schwanger. Das Paar beschloss, seine Adoptionspläne nicht aufzugeben und entschied sich, beide Kinder zu behalten.

Im August 1978 wurde ihnen Michael von einer Adoptionsagentur übergeben. Am 29. Oktober, zwei Monate nachdem Michael bei ihnen war, brachte Marybeth Mary Frances zur Welt, das sechste Kind des Paares. Doch wie es das Schicksal wollte, brachte Tinning Mary Frances im Januar 1979 erneut in die Notaufnahme des Krankenhauses, das sich direkt gegenüber ihrer Mietwohnung befand, weil ihr Baby einen

Krampfanfall hatte. Zunächst gelang es dem medizinischen Personal, das Baby wiederzubeleben. Am 20. Februar kam Tinning jedoch erneut in dasselbe Krankenhaus, mit Mary Frances in ihren Armen, die zu diesem Zeitpunkt bereits hirntot war. Tinning behauptete, sie habe Mary Frances in einem bewusstlosen Zustand vorgefunden und wisse nicht, was sie mit ihrem Kind tun solle. Der Tod ihres sechsten Kindes wurde wiederum auf SIDS zurückgeführt.

Nachdem Mary Frances beerdigt worden war, wurde Tinning erneut schwanger. Ihr siebtes Kind, Jonathan, wurde am 19. November geboren. Im März 1980 tauchte Tinning im St. Clare's Hospital auf, als Jonathan bereits bewusstlos war. Genau wie Mary Frances wurde Jonathan erfolgreich wiederbelebt. Da es in der Familie immer wieder zu vorzeitigen Todesfällen kam, wurde Jonathan sofort zur gründlichen Untersuchung ins Krankenhaus von Boston gebracht. Die Fachärzte konnten keine stichhaltigen medizinischen Gründe dafür finden, warum der kleine Junge einfach aufgehört hatte zu atmen. Jonathan wurde schließlich nach Hause entlassen. Nur wenige Tage später kehrte Tinning mit dem kleinen Jonathan erneut ins Krankenhaus zurück, und diesmal war er hirntot. Das Baby starb am 24. März 1980.

Kaum ein Jahr später, am 2. März 1981, ging Tinning mit Michael, dem damals zweieinhalbjährigen Adoptivsohn des Paares, in die Praxis ihres Kinderarztes. Der Junge war bewusstlos und in eine Decke gewickelt. Tinning erzählte ihrem Arzt, dass es ihr schwer fiel, Michael aufzuwecken und dass sie keine Ahnung hatte, was los war. Als der Kinderarzt Michael untersuchte, war der Junge bereits tot. Da Michael rechtmäßig adoptiert wurde, wurde die allgemein vermutete Theorie, dass der Tod der Tinning-Kinder genetisch bedingt war, schließlich verworfen.

Am 22. August 1985 wurde Tami Lynne geboren, das achte Kind des Paares. Am 19. Dezember ging Cynthia Walter, die Nachbarin des Paares und ebenfalls Krankenschwester, mit Marybeth einkaufen und besuchte später das Haus der Tinnings. In der Nacht erhielt Walter einen verzweifelten Anruf von Marybeth. Als die Krankenschwester bei den Tinnings ankam, fand sie Tami Lynne auf einem Wickeltisch, der sich nicht bewegte. Während des Verfahrens sagte Walter aus, dass Tami Lynne sich nicht mehr bewegte, als sie das Kind fand, und dass sie weder Atmung noch Puls fühlen konnte. Als sie in die Notaufnahme gebracht wurde, war das Baby bereits bei der Ankunft für tot erklärt worden.

Das Bekenntnis und die Verurteilung

Gegen Marybeth Tinning, die allein war, als ihre Kinder starben, wurde ein Verdacht geäußert. Es gab jedoch keine Beweise, die ein Fehlverhalten hätten belegen können. Nach einer gründlichen Befragung durch die Polizei gestand Tinning schließlich, Nathan, Tami Lynne und Timothy erstickt zu haben, was sie später jedoch wieder zurücknahm. Sie wollte unbedingt leugnen, den anderen Kindern etwas angetan zu haben. Im Fall von Tami Lynne wurde Tinning zu zwanzig Jahren bis lebenslänglicher Haft verurteilt.

Tinning bemühte sich im März 2007 um ihre erste Bewährung. In der Sitzung des Bewährungsausschusses erklärte Tinning nachdrücklich, dass das Einzige, was sie dem Ausschuss sagen könne, sei, dass sie wisse, dass ihre Tochter tot sei, und dass sie sich jeden Tag damit abfinden müsse. Sie gab zu, dass sie sich nicht daran erinnern kann, was passiert ist, und dass sie nicht glauben kann, dass sie ihre Tochter tatsächlich verletzt hat. Nach der Sitzung wurde ihre Bewährung abgelehnt.

Im Januar 2009 beantragte sie erneut ihre zweite Bewährung. In der Sitzung des Bewährungsausschusses erklärte Tinning, dass sie zu der Zeit, als sie ihre Tochter tötete, eine schwierige Zeit durchmachte. Wiederum lehnte der Bewährungsausschuss ihren Antrag mit der Begründung ab, dass Tinnings Reue nur "bestenfalls oberflächlich" sei. Im Januar 2011 kam Tinning erneut für eine Bewährungsstrafe in Frage, die ihr jedoch weiterhin verweigert wurde.

Der genetische Faktor

Allein in Amerika war das Plötzliche Kindstod-Syndrom (SIDS) eine der häufigsten Ursachen für Tausende von Todesfällen bei Säuglingen. SIDS, auch "Krippentod" genannt, war eine Krankheit, die in den 70er Jahren noch nicht vollständig verstanden wurde.

Bei drei von Marybeth Tinnings Kindern wurde zum Zeitpunkt ihres Todes SIDS diagnostiziert. Allein diese Zahl hätte Anlass zu großer Besorgnis sein müssen, denn statistisch gesehen sind mehr als zwei SIDS-Todesfälle in einer Familie nahezu unmöglich. Experten sagen, dass SIDS nicht genetisch bedingt ist und es auch nie war.

Im Laufe der Jahre haben viele Experten das Geheimnis des Tinning-Heims untersucht, das zu dem fragwürdigen Tod von neun Kindern führte. Anfangs wurden erbliche Faktoren vermutet, obwohl der ungeklärte Tod des Adoptivkindes Michael die Möglichkeit einer seltsamen Art von "Todesgen", das auf die Tinning-Kinder übergegangen war, verringerte. Einige Nachbarn der Familie Tinning wussten nur allzu gut über die Geschichte der toten Kinder Bescheid. Freunde und Verwandte der Tinning-Kinder hatten die Kinder kurz vor ihrem Tod beobachtet. Demnach schienen alle Kinder, mit Ausnahme von Jennifer, im Allgemeinen gesund zu sein, weshalb der plötzliche Tod der Kinder noch verdächtiger wirkte als zuvor.

Debra Jean Milke

Am 2. Dezember 1989 ging bei der Polizei eine
Meldung über ein vermisstes Kind ein. James
Lynn Styers ging zu den Behörden, um eine
Vermisstenanzeige über das Verschwinden des
vierjährigen Christopher Milke, des Sohnes
seines Mitbewohners, nach einem Besuch im
Metrocenter Mall aufzugeben. Bei der Anzeige
bei den Behörden wurde Styers von einem
anderen guten Freund, Roger Mark Scott,
begleitet.

Am folgenden Tag gab Scott jedoch gegenüber
der Polizei zu, dass er an dem Tag, an dem das
Kind verschwand, mit Styers zusammen war.
Die beiden befanden sich in einer
Wüstenwaschanlage an der Jomax Road und der
99th Avenue, wo Styers den vierjährigen
Christopher erbarmungslos erschoss.

Bei den Ermittlungen stellte sich heraus, dass
Styers zugestimmt hatte, Scott 2500 Dollar zu
leihen, um einen Antrag auf Sozialhilfe zu
stellen. Er dachte, er könnte einen Teil der 5.000-
Dollar-Lebensversicherung von Christopher
Milke erhalten. Am Ende des Gesprächs führte
Scott die Behörden genau zu dem Wüstengebiet,
in dem die Leiche des armen Jungen gefunden
wurde.

Unerwartet räumte Debra Jean Milke, die Mutter von Christopher Milke, ein, sich mit Styers verschworen und an der Tötung ihres Vierjährigen beteiligt zu haben. Sie betonte, dass es besser sei, ihren Sohn zu töten, als ihn wie ihren Mann aufwachsen zu sehen.

Wer war Debra Jean Milke?

Die am 10. März 1964 in Berlin-Steglitz geborene Debra Jean Milke war eine deutschstämmige Insassin der Todeszelle in Arizona. Sie wurde für den brutalen Mord an ihrem Sohn Christopher Conan Milke im Jahr 1990 verurteilt. Debra Jean Milke war die erste Frau aus Arizona, die seit 1932 ein Todesurteil erhielt. Sie war im Arizona State Prison Complex in Good Year, Arizona, inhaftiert.

Am 14. März 2013 wurde ihre Verurteilung erneut verhandelt, was dazu führte, dass das Berufungsgericht der Vereinigten Staaten für den neunten Gerichtsbezirk das Urteil aufhob. Aus diesem Grund wurde Debra Milke am 6. September 2013 gegen Kaution freigelassen, bis das Verfahren wegen der Ermordung von Christopher Milke neu aufgerollt wird.

Debra Milke (Sadeik) stammt aus einer Militärfamilie. Im Jahr 1965 zog die Familie

Sadeik von Deutschland in die Vereinigten
Staaten, wo sie die High School bis zum College
besuchte. Im Jahr 1984 heiratete sie Mark Milke,
und ein Jahr später wurde das Paar mit einem
Sohn, Christopher Conan Milke, gesegnet. Kaum
vier Jahre nach der Heirat beschloss das Paar
1988, sich scheiden zu lassen.

Die Untersuchung des Mordes

Nach der Scheidung des Paares beschlossen
Debra und ihr Sohn Christopher, mit Jim Styers
in eine kleinere Wohnung zu ziehen. Debra
lernte Styers durch ihre Schwester kennen. Am
2. Dezember 1989 ging Jim mit dem vierjährigen
Christopher in die Metrocenter Mall in Phoenix,
Arizona. Später am Nachmittag rief Styers Debra
an, die zu diesem Zeitpunkt in ihrer
Mietwohnung die Wäsche wusch. Styers
erzählte der jungen Mutter, dass Christopher aus
dem Einkaufszentrum verschwunden war. Um
das Verschwinden aufzuklären, informierte
Styers den Sicherheitsdienst des
Einkaufszentrums, während Debra den Notruf
wählte. Sofort wurde eine Vermisstenermittlung
eingeleitet.

Am nächsten Tag verhaftete die Polizei von
Phoenix Roger Scott, der angeblich ein
langjähriger Freund Styers war. Nach einem fast

fünfzehnstündigen Verhör gestand Scott, dass er wusste, wo der junge Milke war. Er sagte außerdem, dass der Junge bereits tot sei. Scott führte die Behörden zu einer verlassenen Gegend nördlich von Phoenix und wies ihnen den Weg zu Christophers Leiche. Die Polizei fand Christophers Leiche mit drei Schusswunden in seinem Kopf. Scott behauptete weiter, dass Styers der Mörder war und fügte hinzu, dass Debra den Mord gewollt habe.

Styers wurde von der Polizei verhaftet und verhört, nachdem er von Scott belastet worden war, obwohl er zunächst bei der Suche nach Christophers Leiche half. Debra Milke hingegen stellte sich freiwillig dem Büro des Sheriffs in Pinal County und wartete in einer Gefängnisapotheke. Den Ermittlern der Polizei wurde geraten, nicht mit Debra Milke zu sprechen. Armando Saldate, der leitende Ermittler, kam sofort an Bord eines Hubschraubers. Nachdem er sich mit Debra getroffen hatte, schickte er den begleitenden Bekannten der Verdächtigen aus dem Raum, bevor er hinter einer gesicherten und geschlossenen Tür mit dem Verhör begann. Saldate ließ keine Zeugen anwesend sein; auch stellte er kein Tonbandgerät auf.

Drei Tage nach Saldates Verhör verfasste er einen Bericht, in dem er angab, dass Debra Milke die Tötung ihres vierjährigen Sohnes

Christopher veranlasst hatte. Offenbar erzählte Milke Saldate, dass sie Pläne für die Ermordung ihres Sohnes hatte und dass sie ihn tot sehen wollte. Obwohl ihr Geständnis weder von ihr selbst unterschrieben noch von jemandem bezeugt oder auf Tonband aufgenommen wurde, wurde Debra Milke wegen Verschwörung zum Mord ersten Grades angeklagt. Außerdem wurde sie wegen Kindesmissbrauchs und Entführung angeklagt. Im Jahr 1990 wurde Milke für alle Verbrechen zum Tode verurteilt. Umgekehrt wurden Scott und Styers ebenfalls wegen Mordes ersten Grades verurteilt. Obwohl sie getrennt angeklagt und vor Gericht gestellt wurden, wurden die beiden dennoch zum Tode verurteilt.

Berufung

Im Dezember 2007 reichte die American Civil Liberties Union einen amicus brief zur Unterstützung von Milke ein. Milke befand sich bereits seit fast achtzehn Jahren im Todestrakt. Der Schriftsatz stellte die Zulässigkeit der nicht aufgezeichneten und unbestätigten Geständnisse von Milke in Frage. Nach einer fast zweijährigen Wiederaufnahme des Verfahrens kam das Berufungsgericht des 9. Bezirks zu dem Schluss, dass keine Beweise gefunden wurden, wenn die Verdächtige freiwillig auf ihr Recht zu

schweigen verzichtet hatte. Dies veranlasste
später den Bundesrichter Robert Bloomfield,
endgültig zu entscheiden, ob der Fall für ein
neues Verfahren geeignet war oder nicht. In der
Beweisanhörung widersprach der Richter der
aktuellen Meinung des Berufungsgerichts. Er
stellte fest, dass Milke freiwillig und rechtsgültig
auf alle ihre Miranda-Rechte verzichtet hatte.

Die Geschichte von Debra Jean Milke

Debra war einst mit ihrem drogenabhängigen
Mann Mark verheiratet. Als sie erkannte, dass
sie und ihr Sohn Christopher ein besseres
Umfeld brauchten, verließ Debra ihren Mann.
Debras Hauptanliegen war das Wohlergehen
ihres Sohnes. Die Trennung des Paares
bedeutete jedoch nicht, dass Mark aus dem
Leben seines Sohnes ausgeschlossen werden
musste.

Trotz ihrer Probleme liebte Debra Mark
weiterhin. Sie war der Meinung, dass es für
ihren Sohn von entscheidender Bedeutung war,
eine gute Vater-Sohn-Beziehung zu haben.
Debra erlaubte Mark in den meisten Fällen,
seinen Sohn zu genießen, vorausgesetzt, dass ihr
Mann seinen Alkohol- und Drogenmissbrauch
aufgab. In Debras Scheidungsverfahren wurde

festgelegt, dass sie das alleinige Sorgerecht für das Kind hatte und alle Besuche überwachte, da sie wusste, dass sie Maßnahmen ergreifen musste, um das Wohlergehen und die Sicherheit des Kindes zu schützen.

Nach der Trennung des Paares unterstützte Debra ihren Ex-Mann moralisch, indem sie an seinem Beratungsprogramm für Drogenmissbrauch teilnahm. Außerdem musste sie Vollzeit arbeiten, um für sich und ihr Kind sorgen zu können. Debra hatte mehrere Jahre lang für Versicherungsunternehmen gearbeitet und gab zu, dass ihr die Arbeit in diesem speziellen Bereich Spaß machte.

Bei jedem Unternehmen, bei dem sie beschäftigt war, konnte sie aufgrund ihrer Berufserfahrung und ihrer Fähigkeiten bessere Positionen erreichen. Sie glaubte, dass ein Wechsel von einem Arbeitgeber zum anderen ein besserer Weg sei, um ihre Karriere voranzutreiben. Ihr oberstes Ziel war es, Underwriterin zu werden. Tatsächlich bekam sie die Stelle an ihrem letzten Arbeitsplatz. Während ihrer gesamten beruflichen Laufbahn berücksichtigte Debra stets alle Sozialleistungen des Arbeitgebers und war der Meinung, dass diese genauso wichtig waren wie ihr monatlicher Gehaltsscheck. Von all den verschiedenen Leistungen, die sie im Rahmen ihres Arbeitsverhältnisses erhielt, war ihr die medizinische Versorgung für ihren Sohn Christopher und sich selbst am wichtigsten.

Die Überzeugung

Am Ende wurde Debra von einem öffentlichen Anwalt vertreten, der ihren Fall schnell verlor. Jim Styers und Roger Scott wurden schuldig gesprochen und zum Tode verurteilt. Debra Milke, die trauernde Frau, die damals 26 Jahre alt war, wurde ebenfalls wegen der Tötung ihres vierjährigen Sohnes zum Tode verurteilt.

China Arnold

Die als "Mikrowellen-Babymörderin" bezeichnete China Arnold wurde für den Mord an ihrer achtundzwanzig Tage alten Tochter Paris verurteilt, die sie am 30. August 2005 in einem Mikrowellenherd verbrannte. Arnold stammt aus Montgomery County, Ohio, und wurde am 8. September 2008 zu lebenslanger Haft ohne die Möglichkeit der Bewährung verurteilt. Sie wurde am 20. Mai 2011 erneut verurteilt.

Persönlicher Hintergrund

China Arnold wurde am 29. März 1980 in Dayton, Ohio, geboren. Vor ihrer Verurteilung wegen Mordes wurde Arnold in den Jahren 2000 und 2002 auch wegen Entführung und Fälschung verurteilt. Am 8. September 2008 wurde sie wegen der brutalen Tötung ihrer damals 28 Tage alten Tochter Paris zu lebenslanger Haft ohne Bewährung verurteilt.

Paris wurde von Arnold in einen Mikrowellenherd gelegt, was zum Tod des Babys führte. Experten zufolge war das Baby nicht länger als zwei Minuten in der Mikrowelle und starb kurz nachdem es herausgenommen wurde. Die Gerichtsmedizinerin Dr. Marcella

Fierro sagte, das Baby sei gestorben, weil seine Innentemperatur einen kritischen Wert erreicht habe. Einfach ausgedrückt: Paris Arnold wurde zu Tode gekocht.

Zur Tatzeit lebte China Arnold mit ihren anderen Kindern und ihrem Freund Terrell Talley in einem kleinen Wohnkomplex. Den Ermittlern zufolge wurde das Baby nach einem heftigen Streit zwischen Arnold und Talley in die Mikrowelle gelegt. Der Freund stellte die Vaterschaft des Kindes in Frage. Später gab Arnold an, dass sie zur Tatzeit betrunken war.

Am Tag, nachdem Paris "zu Tode gekocht" worden war, brachte Arnold ihr Baby ins Krankenhaus, wo sie schließlich starb. Zunächst wurde Arnold verhaftet, dann aber aus Mangel an Beweisen sofort wieder freigelassen. Im November 2006 wurde sie erneut wegen des Mordes an Paris Arnold verhaftet.

Nach Beginn des ersten Prozesses sagte Talley, dass sein Sohn ihn darüber informiert habe, dass er den leblosen Körper des Babys aus der Mikrowelle gezogen habe, nachdem ein Nachbarsjunge Paris dort hineingelegt hatte. Aus diesem Grund wurde das Verfahren kurz darauf eingestellt. Es wurde jedoch ein zweiter Prozess angestrengt, diesmal mit der Mutter des betreffenden Jungen. Es wurde festgestellt, dass der Junge zum Zeitpunkt von Paris' Tod nicht in der Wohnanlage war. Dies führte dann zur Verurteilung Arnolds wegen schweren Mordes.

Am 5. November 2010 beschloss der zweite Bezirk des Berufungsgerichts, Arnolds Verurteilung aufzuheben. Es wurde angeführt, dass ein Fehlverhalten der Staatsanwälte vorlag und dass das untere Gericht im Prozess einen Fehler begangen hatte, indem es wesentlichen Zeugen nicht erlaubte, zu Arnolds Verteidigung auszusagen. Knapp ein Jahr später, am 13. Mai 2011, befanden die Geschworenen China Arnold des schweren Mordes für schuldig. Der Anwalt der Verdächtigen argumentierte, dass alle Beweise ebenso sehr auf Talley wie auf China Arnold hinwiesen. Die Entscheidung blieb jedoch standhaft.

Die Verhandlung

Am 20. Mai 2011 empfahlen die Geschworenen, die Arnold verurteilten, eine lebenslange Freiheitsstrafe ohne die Möglichkeit der Bewährung, was die Mutter überraschenderweise vor einer möglichen Todesstrafe bewahrte.

Die zwölfköpfige Jury gab ihre Empfehlung an Richterin Mary Wiseman vom Montgomery County ab. Nach der Empfehlung verkündete Wiseman ihre Entscheidung und verurteilte Arnold, 31, sofort zu lebenslanger Haft. Arnold blieb während des gesamten Verfahrens ruhig und weigerte sich, sich vor Gericht zu verteidigen. Wiseman teilte der Angeklagten mit, dass ihr ein Rechtsbeistand zugewiesen werde, damit sie ihr Recht auf Berufung wahrnehmen könne.

Die Verurteilung durch die 12-köpfige Jury erfolgte am 13. Mai wegen schweren Mordes bei der Ermordung von Arnolds Tochter Paris. Da das Verbrechen als Kapitalverbrechen eingestuft wurde, bestand der Prozess aus zwei Phasen. Die Phase der Urteilsfindung begann gegen 6 Uhr abends und endete zwei Stunden später. Die zweite Phase der Beratung folgte am nächsten Tag um 8 Uhr morgens, bis mittags eine endgültige Empfehlung ausgesprochen wurde.

David Franceschelli, der stellvertretende Bezirksstaatsanwalt, sagte, dass die Entscheidung der Jury, kein Todesurteil zu verhängen, ihn nicht enttäuscht habe. Er sagte, dass er die Entscheidung der Jury respektiere und die Angeklagte somit den Rest ihres Lebens im Gefängnis verbringen müsse. Jon Paul Rion, der Verteidiger, zeigte sich hingegen sehr erleichtert über das lebenslange Urteil und richtete sogar ein Wort des Dankes an die Geschworenen, kurz bevor Richter Wiseman sie entließ.

Keiner der anderen Anwälte gab während der kurzen Urteilsverkündung weitere Erklärungen ab. Rion gab zu, dass er mit der Tatsache zufrieden war, dass die Geschworenen irgendwie den Wert des Lebens der Verdächtigen erkannt hatten, und fügte hinzu, dass sie auch neue Berufungen einlegen würden. Rion sagte, dass der Kampf noch nicht vorbei sei, da es noch weitere Zeugen gebe, die China Arnolds Unschuld beweisen könnten. Aufgrund von gerichtlichen Entscheidungen wurde Rion jedoch daran gehindert, diese Zeugen zu präsentieren.

Die Familie meldet sich zu Wort

Wanda J. Stewart, China Arnolds Tante, sagte, dass China unschuldig sei und dass sie der Gerechtigkeit ihren Lauf lassen würde. Sie gab zu, dass sie sich ein wenig erleichtert fühlte, nachdem die Geschworenen keine Empfehlung für die Todesstrafe ausgesprochen hatten, und sagte, dass sie froh darüber war, wie die Geschworenen ihren gesunden Menschenverstand und ein wenig Zweifel einsetzten, um zu ihrer Entscheidung zu kommen.

Die Geschworenen wurden angewiesen, alle von der Verteidigung vorgetragenen mildernden

Umstände gegen die erschwerenden Umstände der Tötung eines Kindes unter 13 Jahren als Haupttäter abzuwägen. Alle Geschworenen hatten vier Möglichkeiten: Tod, lebenslänglich ohne Bewährung, lebenslänglich mit Bewährung nach dreißig Jahren oder lebenslänglich mit Bewährung nach 25 Jahren.

Nach der Urteilsverkündung wurde die verurteilte Mörderin von den Hilfssheriffs des County Sheriffs schweigend aus dem Gerichtssaal eskortiert. Arnold sollte bis zur Übergabe an das Ohio Department of Rehabilitation and Correction im Landgefängnis festgehalten werden.

Personen, die Arnold für schuldig befunden hatten

Im Februar 2008 endete Arnolds erster Prozess mit einem Fehlurteil, nachdem sich ein Junge gemeldet hatte, nachdem die Verteidigung ihren Fall bereits abgeschlossen hatte. Der Junge hatte offenbar gesehen, wie ein anderes Kind das Baby in den Mikrowellenherd steckte. Der Junge war zum Zeitpunkt des Mordes kaum fünf Jahre alt.

Zeugen, die auf Arnolds Seite standen, wurden vor dem zweiten Prozess nicht aufgerufen. Dazu gehörte Linda Williams, die zum ersten Mal während des ersten Prozesses aussagte, sie habe gesehen, wie Arnold das Baby in den Mikrowellenherd legte. Später, während des zweiten Prozesses für die Verteidigung, sagte Williams erneut aus und erklärte, dass ihre erste Aussage falsch war. Im November 2008 beschloss das Berufungsgericht für den zweiten Bezirk von Ohio, die zweite Verurteilung des Verdächtigen aufzuheben. Dieses Mal konzentrierten sie sich auf Fragen, die mit Williams Aussagen zusammenhingen.

Zur Frage der Möglichkeit einer weiteren Berufung erklärte Franceschelli, dass jeder Angeklagte das Recht habe, Berufung einzulegen, obwohl er nach wie vor an der Verurteilung festhalte.

Zelle Beichte

Nach Ansicht von Richterin Mary Wiseman war das begangene Verbrechen äußerst abscheulich und schockierend für eine zivilisierte Gesellschaft. Es gibt keine Worte, die beschreiben könnten, wie abscheulich das Verbrechen war. Das Gericht hatte von dem heftigen Streit zwischen China Arnold und ihrem Freund Terrell Talley erfahren, bei dem es darum ging, ob er der biologische Vater von Paris ist oder nicht. Die Ermittler in diesem Fall sagten, dass Paris eine große Menge an inneren Verbrennungen erlitt, ohne die äußeren Spuren.

Ein Zellengenosse Arnolds sagte, die Mutter habe gestanden, ihre eigene Tochter in die Mikrowelle gesteckt und den Ofen eingeschaltet zu haben, weil sie Angst hatte, dass Talley sie schließlich verlassen würde, wenn er herausfände, dass er nicht der Vater des Babys war. Das Verteidigungsteam behauptete, dass es andere starke Beweise dafür gebe, dass jemand anderes für den Tod des Kindes verantwortlich sei. Gegenwärtig fordern Arnolds Anwälte einen dritten Prozess.

Celine Lesage

Am 18. März 2010 wurde eine Frau wegen der Ermordung von sechs ihrer neugeborenen Kinder zwischen 2000 und 2007 für schuldig befunden. Celine Lesage, eine Französin, tötete alle sechs ihrer Kinder; vier von ihnen wurden erstickt und zwei erwürgt. Lesage wurde für alle Morde zu fünfzehn Jahren Gefängnis verurteilt.

Die 38-jährige Lesage wurde für schuldig befunden, vier Säuglinge erstickt und zwei weitere erwürgt zu haben, nachdem sie sie zwischen 2000 und 2007 heimlich zur Welt gebracht hatte. Obwohl sie alle Morde freiwillig zugab, sagte sie vor einem Gericht in der normannischen Stadt Coutances, dass sie zum Zeitpunkt des Mordes in diesen Fällen ratlos war und keine stichhaltige Erklärung für die Verbrechen hatte. Sie gab zu, dass sie sich der Verbrechen schuldig gemacht hat und dass sie sich bewusst war, dass sie ihre Babys getötet hat.

Während des Beginns ihres Mordprozesses sah man Lesage oft in Tränen ausbrechen, vor allem, wenn die Zeugenaussagen ihrer Familie und Freunde gehört wurden. Die Verdächtige sagte, dass sie durch die Anhörung in der Lage sein könnte, zu verstehen und gleichzeitig verstanden zu werden. Bei der Urteilsverkündung stellten die Geschworenen einstimmig fest, dass Lesages Taten kaltblütig begangen worden waren.

Staatsanwalt Eric Bouillard argumentierte während des Prozesses, dass alle Taten offensichtlich vorsätzlich begangen wurden. Er fügte hinzu, dass Lesage zu irgendeinem Zeitpunkt ihre Schuld geleugnet habe. Die Verteidigerin Veronique Carre hingegen argumentierte, ihre Mandantin sei zwar schuldig, aber keine manipulative Frau, wie die Staatsanwaltschaft die Verdächtige darstellte. Carre argumentierte, dass Lesage schuldig sei und das Verbrechen bereits zugegeben habe.

Die versteckten Schwangerschaften

Die versteckten Schwangerschaften von Lesage wurden irgendwann 2007 entdeckt. Luc Margueritte, der damalige Partner von Lesage, war entsetzt, als er sechs tote Babys fand, die bereits verwest waren. Die Babys wurden im Keller des Ehepaars in ihrem Haus in Valognes in der Nähe von Cherbourg gefunden. Von den sechs toten Babys sagte Margueritte, dass eines davon sein eigenes Kind sei. Das Baby soll ohne das Wissen von Margueritte gezeugt worden sein und wurde dann von Lesage getötet, nachdem sie das Kind im Stehen im Badezimmer des Paares zur Welt gebracht hatte.

Alle anderen fünf Babys wurden heimlich während Lesages früheren Beziehungen zwischen 1989 und 2006 geboren. Ein Mann, Pascal Catherine, gab vor Gericht zu, dass er Zweifel hatte, ob Lesage mit seinem Baby schwanger war. Es stellte sich heraus, dass er tatsächlich der Vater des vierzehnjährigen Sohnes des Paares ist. Später stellte sich heraus, dass er tatsächlich der Vater der ersten fünf ermordeten Babys war.

Pascal Catherine wurde ursprünglich verhaftet, weil er das Verbrechen nicht sofort den Behörden meldete und stattdessen die Leichen weiter versteckte. Seine Anwälte konnten jedoch erfolgreich argumentieren, dass Catherine schon lange davon ausging, dass alle Babys entweder abgetrieben oder tot geboren worden waren. Lesage und Catherine trennten sich 2006, fünfzehn Jahre nachdem sie beschlossen hatten, als Ehepaar zusammenzuleben.

Während der vorläufigen Anhörung sagte Lesage dem Gericht, dass sie Angst vor ihrer Schwangerschaft hatte und niemandem davon erzählen wollte, weil sie dachte, dass ihre Eltern und Partner negativ auf die Nachricht reagieren würden. Sie beharrte jedoch darauf, dass alle Morde nicht vorsätzlich begangen wurden. Da Lesage vor Gericht nicht in der Lage war, ihre Beweggründe vollständig zu erklären, hielten viele Psychologen die Wahrscheinlichkeit für hoch, dass sie einen weiteren Mord begehen würde.

Staatsanwalt Michel Garrandaux erklärte dem Gericht hingegen, dass Lesages Haltung ambivalent war. Dies war der Fall, als sie zu einem bestimmten Zeitpunkt unbedingt Kinder haben wollte, sich aber später weigerte, sie aufzuziehen und zu behalten. Er fügte hinzu, dass Lesage zwar eine bescheidene und ansonsten ganz normale Hausfrau war, die einen vierzehnjährigen Sohn hatte, die Verdächtige aber anscheinend nicht weiß, wie sie sich schließlich in eine Serienmörderin verwandeln konnte.

Wie die Babies entdeckt wurden

Ein Jahr nachdem Lesages Lebensgefährte Catherine beschlossen hatte, Schluss zu machen, wurde am 19. Oktober 2007 ein schreckliches Geheimnis entdeckt. Der jugendliche Sohn von Lesage führte den neuen Freund ihrer Mutter zu den verwesenden Leichen. Nach Angaben von Staatsanwalt Garrandaux fand sich der Freund von Lesage im Keller wieder, nachdem er einen schrecklichen Geruch im Haus wahrgenommen hatte. Als er den Keller erreichte, sah er zu seinem Entsetzen verweste Leichen von Babys, die in Säcke eingewickelt waren. Später fand er auch seinen eigenen kleinen Sohn in einer Mülltonne im Haus der Familie in Valognes.

Lesage gab zwar zu, alle ihre Neugeborenen ermordet zu haben, behauptete jedoch, sie sei nicht zurechnungsfähig. Stattdessen sagte sie der Polizei, dass sie keine stichhaltige Erklärung für ihre Taten habe. Lesage befindet sich nun in der Stadt Caen in der Normandie in Untersuchungshaft. Die Verteidigerin Veronique Carre räumte ein, dass der Sachverhalt des Kindermordes unbestritten ist. Dennoch müssen medizinische und psychologische Beweise berücksichtigt werden. Schließlich war Lesage der Meinung, dass sie für das Verbrechen verantwortlich ist, obwohl sie nicht schuldig ist.

Mehr über mütterliche Kindstötung

Mütterliche Kindstötung ist ein seltenes Ereignis. Die Zahl der registrierten Fälle ist jedoch hoch, insbesondere im Zusammenhang mit postpartalen Erkrankungen. Den Aufzeichnungen zufolge gibt es eine große Zahl von Müttern, die ihre Kinder innerhalb der ersten vierundzwanzig Stunden nach der Geburt des Kindes töten. Diese medizinisch als "Neonatizide" bezeichneten Verbrechen werden in der Regel von relativ jungen Frauen begangen, und die überwiegende Zahl von ihnen ist unverheiratet.

Bei den Fällen von Kindstötung, die nach den ersten vierundzwanzig Stunden des Babys geschehen, gibt es im Allgemeinen eine enorme Bandbreite. Die Fälle reichen vom Tod des Säuglings durch die Hand der akut oder chronisch psychisch kranken Mutter bis hin zum Tod des Säuglings aufgrund von Vernachlässigung und chronischer Misshandlung des Kindes durch die Mutter. Trotz der großen Unterschiede in den verschiedenen faktischen Hintergründen, die den heutigen Fällen von Kindstötung zugrunde liegen, lässt sich bei näherer Betrachtung ein konstantes Muster in den Bedingungen erkennen, die diese Verbrechen umgeben.

Frauen, die Kindermord begehen, sind in der Regel passiv. Sie reagieren auf ihre Schwangerschaft mit einer Kombination aus Angst, Wunschvorstellung und Verleugnung. Das heißt, sie sind wie gelähmt von dem Gedanken, schwanger zu werden, und daher nicht in der Lage, sich auf eine Vorgehensweise zu einigen, wie sie richtig reagieren und mit der Schwangerschaft umgehen sollen. In den meisten Fällen sagen die Frauen, die an Kindstötungen beteiligt waren, nachdem sie befragt wurden, dass sie die Tage ihrer Schwangerschaft mit dem Alltag verbringen konnten. Sie konzentrieren sich mehr auf die gewöhnlichen Details ihres Lebens und wünschen sich, dass die Schwangerschaft einfach verschwindet. Manche wünschen sich, dass jemand anderes ihren Zustand bemerkt und die Situation in die Hand nimmt. Hinzu kommt, dass es im Leben dieser Frauen keine vertrauten Personen zu geben scheint. Dies kann sie nur in ihrer Überzeugung bestärken, dass sie wirklich nur wenige Möglichkeiten und Ressourcen haben, um auf ihre Schwangerschaft zu reagieren.

Wie die Gesellschaft auf Kindstötung reagiert

Überraschenderweise hat die Gesellschaft eine große Bandbreite an Verhaltensweisen, wenn es darum geht, auf Fragen der Kindstötung zu reagieren. Trotz der anhaltenden Empörung über Fälle von Kindstötung ist es überraschend, dass einige Richter und Geschworene mit diesen Kindermördern Nachsicht üben. Darüber hinaus ist es gar nicht so ungewöhnlich, dass die Ermittler in diesen Fällen auf eine Strafanzeige gegen diese Frauen verzichten. Erstaunlicherweise werden einige Frauen, die Kindermörderinnen sind, sogar zu Bewährungsstrafen und nicht zu Gefängnisstrafen verurteilt. Es erübrigt sich zu erwähnen, dass in den meisten Ländern der Welt die Gesetze zur Kindstötung stark voneinander abweichen.

Die Verhandlung geht weiter

Der Prozess um die gnadenlose Ermordung von Celine Lesage und ihrer sechs Kinder ist noch nicht abgeschlossen. Ihr fünfzehnjähriger Lebensgefährte, Pascal Catherine, wurde erstmals 2007 im Zusammenhang mit dem Fall angeklagt. Später wurde er freigesprochen und sollte im Mordprozess gegen Lesage aussagen.

www.ingramcontent.com/pod-product-compliance
Lightning Source LLC
Chambersburg PA
CBHW031240050326
40690CB00007B/881